¡Nos vemos!

Paso a paso 9

Libro del alumno · B1.4

Eva Narvajas Colón
Pilar Pérez Cañizares
Bibiana Wiener
Eva María Lloret Ivorra
Rosa Ribas

Autoras
Eva Narvajas Colón
Pilar Pérez Cañizares
Bibiana Wiener
Eva María Lloret Ivorra
Rosa Ribas
Coordinación editorial y redacción
Mónica Cociña, Paco Riera, Dr. Susanne Schauf, Beate Strauß
Diseño y dirección de arte
Óscar García Ortega, Luis Luján
Maquetación
Asensio S.C.P.
Ilustración
Jani Spennhoff, Barcelona

Fotografías
Cubierta Getty Images **Unidad 1** pág. 6 Vlad Ghiea/Shutterstock, Kuzma/Istockphoto, Daniel Laflor/Istockphoto, Creatas Images/Thinkstock; pág. 8 Gyzele/Istockphoto, christina veit/Istockphoto, volha Manusovich/Istockphoto; pág. 9 IS2/Photaki; pág. 12 Katrina Brown/Shutterstock, Hemera Technologies/Thinkstock, Hemera Technologies/Thinkstock, Goodshot/Thinkstock; pág. 13 sb-borg/Istockphoto; pág 15 Bibiana Wiener/Archivo Klett, kuleczka/Shutterstock, Tobias Helbig/Istockphoto; **Unidad 2** pág. 16 Blair Howard/Istockphoto, Steve Allen/Getty Images, Antonio Alcobendas/Fotolia; pág. 18 Photos.com/Thinkstock, Picturenick/Fotolia, bcamelier/Fotolia, Dhuss/Istockphoto, Medioimages/Photodisc/Thinkstock; pág. 19 Istockphoto/Thinkstock; pág. 20 Chris Anderson/Shutterstock; pág. 22 Helle Bro Clemmensen/Istockphoto, A-Digit/Istockphoto; pág. 24 Tomasz Pietryszek/Istockphoto; pág. 25 Susanne Schauf/Archivo Klett, Manuel Velasco/Istockphoto, Istockphoto/Thinkstock; **Unidad 3** pág. 26 MIMOHE/Shutterstock; AFP/Getty Images, Susanne Schauf/Archivo Klett; pág. 28 Amigos de la Tierra, Amigos de los mayores, Asociación nacional amigos de los animales, Asociación de padres de familia separados, Ayuda en acción, Movimiento contra la intolerancia; pág. 31 Bibiana Wiener/Archivo Klett; pág. 32 Difusión, Juanmonino/Istockphoto; pág. 35 Luigi Consiglio/Istockphoto, Hemera/Thinkstock, iStockphoto/Thinkstock; **Unidad 4** pág. 38 Nicolas Loran/Istockphoto; pág. 39 Istockphoto/Thinkstock, Cover/Getty Images.
CUADERNO DE EJERCICIOS Unidad 1 pág. 42 appletat/Istockphoto, Digital Vision/Thinkstock, Jupiterimages/Thinkstock, Hemera/Thinkstock; pág. 43 Jupiterimages/Thinkstock, Istockphoto/Thinkstock; pág. 44 EastWest Imaging/Fotolia; pág. 45 Hemera/Thinkstock; pág. 46 Aldo Murillo/Istockphoto, mahmoud mahdy/Istockphoto, Tatiana Popova/Istockphoto; **Unidad 2** pág. 49 Frank Ramspott/Istockphoto, Hemera/Thinkstock; pág. 50 Jupiterimages/Thinkstock, Hemera/Thinkstock; pág. 51 Istockphoto; pág. 52 Istockphoto/Thinkstock, Digital Vision/Thinkstock; pág. 53 Angelo Arcadi/Istockphoto, Ciaran Griffin/Thinkstock, Istockphoto/Thinkstock, Don Bayley/Istockphoto, George Doyle/Thinkstock, Hemera/Thinkstock, Jeffrey Hamilton/Thinkstock, Mark Tooker/Istockphoto; **Unidad 3** pág. 56 Cover/Getty Images; pág. 57 Asociación de Padres de Familia separados, Amigos de los mayores, Ayuda en acción, Amigos de la Tierra, Movimiento contra la intolerancia, Asociación Nacional Amigos de los animales; pág. 58 Swietlana Diakowa-Czub/Istockphoto; pág. 59 Istockphoto/Thinkstock, Un techo para mi país; pág. 60 Jesper Elgaard/Istockphoto; **Unidad 4** pág. 63 Fundación Pies descalzos.

Textos
Unidad 4 pág. 39 BENEDETTI, Mario. *Despistes y franquezas*. Madrid: Alfaguara, 1994. ISBN 978-84-204-8072-5.

Audiciones CD
Estudio de grabación Tonstudio Bauer GmbH, Ludwigsburg y Difusión.
Locutores José María Bazán, Mónica Cociña, Miguel Freire, Luis Hergón, Patricia Krempels Uribe, Lucía Palacios, Carmen de las Peñas, Rosa Ribas, Pilar Rolfs, Julia Vigo, Bibiana Wiener.

Agradecimientos
Lourdes Muñiz, Núria Murillo, Manuela Theurer.

Queda prohibida cualquier forma de reproducción, distribución, comunicación pública y transformación de esta obra sin contar con autorización de los titulares de propiedad intelectual. La infracción de los derechos mencionados puede ser constitutiva de delito contra la propiedad intelectual (arts. 270 y ss. Código Penal).

¡Nos vemos! está basado en el manual **Con gusto**.
© de la versión original (*Con gusto B1*): Ernst Klett Sprachen GmbH, Stuttgart 2012. Todos los derechos reservados.
© de la presente edición: Difusión, S.L., Barcelona 2012. Todos los derechos reservados.

ISBN: 978-84-8443-871-7
Depósito legal: B-9.483-2012
Impreso en España por Gráficas Soler

Índice

1 Grandes momentos 6

Recursos comunicativos y situaciones
- Describir fiestas y eventos
- Hablar de acciones habituales
- Expresar buenos deseos
- Dejar la decisión a otros
- Hablar de la belleza
- Expresar acuerdo y contradecir
- Expresar opiniones, valoraciones y convicción
- Resumir un texto

Dosier: planificar una fiesta

Gramática
- Los verbos **vestirse** y **soler**
- El uso de subjuntivo después de **cuando**, **mientras**, **aunque**
- El uso de subjuntivo para expresar que la decisión no está tomada
- Contraste entre **pero** y **sino**
- Léxico de celebraciones

Cultura
La fiesta de los 15
Con sabor: el tomate

2 Mundos en contacto 16

Recursos comunicativos y situaciones
- Hablar del paisaje, clima, sociedad y cultura de un país
- Tomar notas de una conferencia
- Preparar y hacer una presentación
- Empezar y terminar el discurso
- Transmitir las palabras de otros

Dosier: hacer una presentación sobre el propio país

Gramática
- El perfecto de subjuntivo
- El estilo indirecto en el pasado
- Léxico de naturaleza y geografía

Cultura
Puerto Rico. Las lenguas de Bolivia. El spanglish.
Con sabor: el jamón

3 Solidarios 26

Recursos comunicativos y situaciones
- Hablar de la situación política
- Protestar y expresar rechazo
- Expresar obligación y necesidad
- Expresar condiciones más o menos probables
- Hacer comparaciones irreales

Dosier: presentar un movimiento de protesta

Gramática
- El imperfecto de subjuntivo
- Las frases condicionales con **si**
- Recursos para expresar obligación: **debería**, **tendría que**…
- Comparaciones irreales
- Léxico de política y sociedad

Cultura
El movimiento de indignados 15-M
Con sabor: el aceite

4 Mirador 36

- Hablar de aspectos culturales: celebraciones en el mundo hispanohablante
- Autoevaluación
- Terapia de errores
- Estrategias de aprendizaje: estrategias de compensación
- Un texto literario que da que hablar: el cuento "El profeta" de Mario Benedetti

Estructura de ¡Nos vemos!

¡Nos vemos! Paso a paso es un manual para descubrir el mundo de habla hispana y aprender a comunicarse en muchas situaciones de la vida cotidiana. En un mismo libro se ofrecen el Libro del alumno y el Cuaderno de ejercicios.

Cada unidad del Libro del alumno tiene la siguiente estructura:

Una página doble de **portadilla** presenta los objetivos, activa los conocimientos previos e introduce el tema de la unidad.

Tres páginas dobles forman el corazón de la unidad. Contienen textos vivos e informativos para familiarizarse con el idioma y actividades para aplicar de inmediato lo aprendido.

Una **tarea final** servirá para convertir los conocimientos adquiridos en algo práctico para la vida real. Junto con sus compañeros, el estudiante elaborará un "producto" que podrá guardar en el dosier de su portfolio.

Amor imposible
Con este apartado se practica la comprensión lectora y auditiva y el estudiante colaborará como ayudante en una emisora de radio para elaborar una radionovela

Con sabor
Al final de cada unidad una página cultural presenta productos originarios de los países hispanohablantes.

4 | cuatro

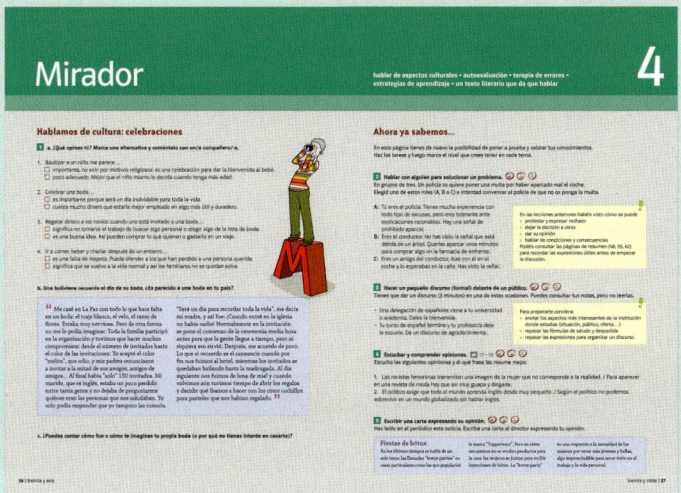

Cada libro se cierra con una **unidad de revisión**, llamada **Mirador**, en la que se ofrece una vista global sobre todos los conocimientos lingüísticos y culturales adquiridos. Además, estas unidades de repaso permiten experimentar con las estrategias de aprendizaje y tratar los errores. Al final, el propio estudiante elaborará un juego para repetir la materia.

Estructura del Cuaderno de ejercicios

Las unidades del Cuaderno de ejercicios proporcionan:

Numerosas actividades para consolidar el vocabulario y la gramática vistos en el Libro del alumno.

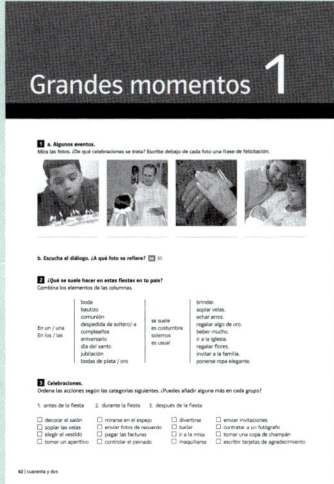

Una actividad orientada al español de los negocios con carácter opcional en la sección **Mundo profesional**.

Una **sección dedicada a la fonética** (**Pronunciar bien**) en la que se dan consejos relacionados con ciertas características de la pronunciación del español. El estudiante reflexiona y practica.

Un apartado (**Portfolio**) en el que el estudiante tendrá ocasión de **autoevaluar su progreso**.

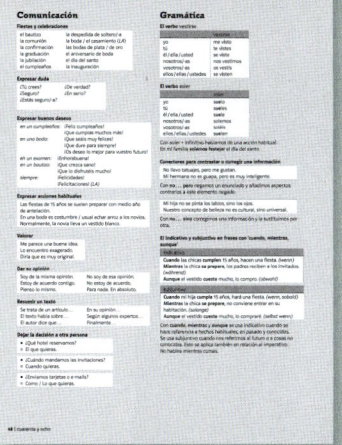

Un **resumen gramatical** en el que se recogen los **recursos lingüísticos** de cada unidad.

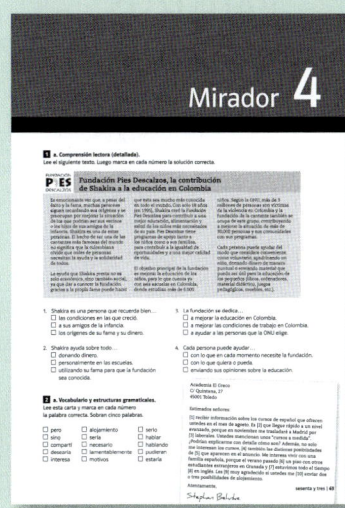

Como en el Libro del alumno, cada **Mirador** sirve para hacer un alto en el camino y **comprobar los conocimientos adquiridos mediante tests**.

Símbolos utilizados en el libro:
- audiciones del libro junto con los números de las pistas del CD
- ejercicio adicional en el Cuaderno de ejercicios
- actividad que implica ir por la clase y preguntar a varios compañeros

cinco | 5

Grandes momentos

www.mundofiesta.com

Mundofie

BODAS

BAUTIZOS

GRADUACIONES

FIESTAS DE EMPR

describir fiestas y eventos • expresar buenos deseos • expresar posibilidad • dejar la decisión a otros • hablar de la belleza • valorar • opinar • expresar convicción

1

AGENCIA DE EVENTOS

quiénes somos . servicios . contacto

1 ¿Qué servicios ofrece esta empresa? ¿Harías o has hecho uso de este tipo de servicio?
¿En qué ocasiones? ¿Te parece útil? Coméntalo con tus compañeros/-as.

¿Necesita organizar una fiesta de empresa y no tiene tiempo para prepararla?
¿Le gustaría sorprender a su pareja con una fiesta especial, pero no sabe cómo hacerlo?
¿Desea que su boda sea un acontecimiento inolvidable con detalles que la hagan única, pero no sabe con quién contactar?

Llámenos. Somos especialistas en organizar su fiesta o evento: bodas, cumpleaños, fiestas de graduación, bautizos, comuniones, despedidas de soltero, bodas de plata, inauguraciones, aniversarios, fiestas de empresa, etc.
Disponemos de una gran variedad de salones y de una gran oferta de servicios adicionales para que a su fiesta no le falte nada: decoración, audiovisuales, catering, personal: desde la impresión de las invitaciones hasta los regalitos de recuerdo.
Le hacemos un presupuesto de la organización y todos los servicios sin ningún compromiso para usted.

siete | 7

1 Grandes momentos

¡Que cumplas muchos más!

¡Que seáis muy felices!

¡Felicidades!

¡Que dure para siempre!

¡Enhorabuena!

¡Os deseo lo mejor para vuestro futuro!

Celebraciones especiales

2 **a. ¿De qué celebración se trata? ¿Qué expresión usarías para felicitar?**

1. Fiesta en la que se disfruta de una última noche antes de casarse.
2. Ceremonia civil o religiosa en la que una pareja se casa.
3. Se celebra cuando una pareja lleva 25 años casada.
4. Día en el que se cumplen años de un acontecimiento.
5. Celebración católica en la que los niños toman por primera vez la comunión.
6. En esta ocasión se celebra que una persona ha terminado sus estudios.

b. ¿Se celebran estas fiestas en tu país? ¿Qué se hace o no se hace?

vestirse de blanco | ponerse un traje | echar arroz | tirar un ramo de flores | bailar | regalar algo de oro | ir a la iglesia | brindar | ir de bares | soplar las velas | romper una piñata | repartir regalos a los invitados | llevar algo viejo, prestado y azul

- En un bautizo es costumbre echar arroz.
- ¿Tú crees? A mí me parece que eso se suele hacer en una boda.

c. ¿Has asistido recientemente a algunas de las fiestas de arriba?
Toma notas en tu cuaderno y comenta tu experiencia con un/a compañero/-a. Después se decide entre todos/-as cuál ha sido la fiesta más original, tradicional, emocionante…

fiesta	de quién	invitados	ambiente / comida	un recuerdo especial

acciones habituales

Normalmente…
Se suele
Es costumbre } + infinitivo
Es usual

3 **a. Lee las invitaciones para una fiesta muy popular en Latinoamérica. ¿Cuál es?**
¿Existe alguna parecida en tu país? ¿Cómo te imaginas el ambiente en cada una?

Lucila
Motivo: Mis 15 años
Lo importante: Tu presencia
Día: 8 de mayo
Hora: 21
Lugar: Salón Villa Blanca
Un deseo: ¡Que te diviertas!
Espero compartir esa noche contigo.

La familia Farías tiene el honor de invitarles a los 15 años de nuestra princesa Diana.
La misa se celebrará el día 12 de junio a las 19.30 en la Iglesia San Pedro.
A continuación habrá una recepción en el Hotel Almirante, Primitivo de la Reta 2017, Monterrey.

~

Se requiere confirmación.

b. ¿Qué hace en tu país una chica cuando cumple 15 años?
Comenta estas opciones con tus compañeros/-as. Puedes añadir otras.
Luego lee el texto y compara. ¿Hay sorpresas?

- invitar a sus amigos/-as a una discoteca
- ponerse sus primeros zapatos de tacón
- enviar invitaciones en papel
- organizar una fiesta temática en casa
- pasar horas en la peluquería
- bailar el vals con su padre
- vestirse como una princesa
- contratar a un fotógrafo
- beber alcohol
- nada especial

Un día inolvidable

Andrea, en su habitación, vuelve a mirarse en el espejo para controlar su peinado y su maquillaje. Los primeros invitados están llegando, pero ella va a esperar media hora más para hacer su entrada en el salón cuando ya estén todos los invitados.

"Los quince" es una de las celebraciones por excelencia de los países latinoamericanos. Algunos dicen que tiene su origen en los ritos aztecas o mayas para marcar el paso de niña a mujer, mientras que otros ven en ella una adaptación del tradicional baile de debutantes europeo.

Como la mayoría de sus amigas, Andrea sueña con vestirse de princesa, bailar el primer vals con su padre y tomar la primera copa de champán, aunque cada vez hay más chicas que prefieren sustituir la fiesta por un viaje o incluso una operación de cirugía estética.

"Estoy soñando con este día desde hace años", explica Andrea. "Nunca pensé en elegir el viaje. Seguro que tendré la posibilidad de viajar, quizá cuando termine mis estudios."

Cuando se decide hacer la fiesta, los preparativos son enormes: catering y decoración del salón, vestidos de marca, shows en vivo, videoclips hechos por profesionales, regalitos para los invitados y otros "accesorios".

"Todo es poco para la niña", comentan sus padres. Finalmente han gastado más dinero del que pensaban y aunque tengan que renunciar a cambiar de coche este año, están contentos. La fiesta ha sido la ilusión de la familia durante todo un año. Los preparativos empezaron cuando Andrea cumplió catorce. "¿Y mañana?", les preguntamos a los padres. "Cuando terminen los quince de Andrea, tenemos que empezar a pensar en Mabel, que ya tiene trece. Mientras nos lo podamos permitir, le haremos también una fiesta inolvidable."

c. En dos grupos. Cada grupo prepara cinco preguntas sobre el texto, que el otro tiene que contestar.

d. En parejas, comentad estas preguntas.

¿Te gustaría celebrar una fiesta así para tu hija?
¿Preferirías regalarle un viaje? ¿Qué otro regalo le harías?
¿Te parece bien regalar una operación de cirugía estética a esa edad?
¿Para qué fiesta has gastado o gastarías más dinero?
¿Pedirías un crédito para poder pagar una fiesta o un regalo a tus hijos?

 1–4

valorar
Me parece una buena idea. Lo encuentro exagerado. Diría que es…

1 Grandes momentos

4 **a. ¿Correcto o falso? ¿Cuáles de estas informaciones corresponden al texto?**

1. En Latinoamérica, *cuando una chica cumple 15 años*, se celebra una gran fiesta.
2. *Cuando la hermana de Andrea cumpla 15 años*, tendrá también su fiesta.
3. *Aunque la fiesta cuesta muchísimo dinero*, casi todas las familias la celebran.
4. *Aunque tengan que pedir un crédito*, los padres de Andrea harán la fiesta.
5. *Mientras el regalo no sea una operación*, los padres aceptarán todos sus deseos.
6. *Mientras Andrea se está preparando*, los padres reciben a los primeros invitados.

b. Marca en las partes *en cursiva* con dos colores diferentes los verbos en indicativo y en subjuntivo. ¿En cuáles se da esta información? ¿Qué forma verbal tiene?

☐ La hermana de Andrea todavía no ha cumplido 15 años.
☐ Los padres no saben si tienen que pedir un crédito para pagar la fiesta.
☐ Los padres no le regalarán una operación a Andrea.

c. Observa estas frases y su explicación, y completa el cuadro y la regla.

Aunque el vestido **cuesta** mucho, lo compro.
Sé que el vestido cuesta mucho, pero sin embargo lo voy a comprar.

Aunque el vestido **cueste** mucho, lo compraré.
No sé cuánto cuesta el vestido, pero quiero comprarlo a cualquier precio.

lo sabemos: con	.... : con subjuntivo
Aunque me invitaron, no fui a la fiesta. Cuando salgo, me visto bien. Cuando cumplí los 15, hice una fiesta. Mientras bailo el vals con papá, todos nos están mirando.	Aunque me inviten, no iré a la fiesta. Cuando salga, me vestiré bien. Cuando cumpla 50, haré una fiesta. Mientras no baile el vals con papá, nadie empezará a bailar.

Para referirse a cosas pasadas, habituales o que sabemos con seguridad, se usa el .... después de **cuando**, **mientras** y **aunque**.
Para referirse al futuro o expresar algo que puede cumplirse o no, se usa el ....

5 **a. Relaciona las partes de frases.**

La fiesta empezará	cuando llegan los invitados.
La fiesta empieza	cuando lleguen los invitados.
La familia hace la fiesta	aunque no tiene dinero.
Hará también una fiesta para la hermana	aunque no tenga dinero.
Las chicas no beben alcohol	mientras sus padres no las vean.
Las chicas beben alcohol	mientras sus padres las ven.

b. Completa estas frases según tus ideas.

Cuando hago una fiesta…
Cuando me jubile…
Aunque sea difícil…

Mientras no tengamos hijos…
Aunque no me gustan las fiestas familiares…
Mientras preparo la cena…

 5-9

10 | diez

De preparativos

6 **a. Madre e hija preparando la fiesta de 15 años.**
Lee la viñeta. ¿Cómo os imagináis la fiesta?

b. Cuando se deja tomar la decisión a otra persona, se usa el subjuntivo.
Mira otra vez las viñetas y completa el cuadro.

proponer / preguntar	dejar la decisión a otra persona
¿Qué hotel reservamos?	El que ....
¿Cuándo mandamos las invitaciones?	....
¿Enviamos tarjetas o e-mails?	Como ....
¿Dónde compramos el vestido?	Donde ....

c. En parejas. Una fiesta en su casa.
Imaginad que queréis organizar una fiesta para dar la bienvenida a un amigo hispanohablante. Proponed actividades y contestad dejando la decisión al otro.

hacer la fiesta el sábado o el domingo | invitar a la familia o a amigos | comer en casa o en el jardín | preparar un menú o un bufé | cocinar o buscar un *catering* | decorar el salón con velas o con globos y guirnaldas | escuchar música en inglés o en español | servir salchichas o tortilla

7 **a. La madre y la hija de la viñeta de arriba tienen gustos diferentes.**
¿Cuáles de estos aspectos le gustarán a la madre y cuáles a la hija?

la ropa elegante   las uñas pintadas   el pelo largo y liso
las botas cómodas   los tatuajes   el pelo lila y verde
los zapatos con tacones   los labios pintados de rojo los ojos pintados de negro
los vaqueros con agujeros   los piercings   la ropa de cuero

b. Y a ti, ¿qué te gusta? Puntúa de 0 (menos) a 5 (más) los ejemplos de arriba.
Luego comparad los resultados en parejas.

 10

once | 11

1 Grandes momentos

La belleza, ¿es subjetiva?

8 **a.** Mira las fotos y describe a las personas. ¿Te parecen bellas? ¿Por qué?

b. Escucha a cuatro personas y relaciónalas con las fotos. ▶▶ 1–4
Luego escucha otra vez y toma notas de sus conceptos de belleza.

9 **a. ¿Qué es la belleza?**
Haced una lectura muy rápida de los textos de abajo. ¿Quién encuentra primero el título adecuado para cada uno?

La belleza, un fenómeno universal   **La belleza, una convención social**

b. En parejas, cada uno/-a lee uno de los textos y subraya la información principal.
Luego cierra el libro y resume su texto a su compañero/-a.

¿Recuerdas?

Para describir el aspecto físico se usa el artículo:

Tiene
- **la** nariz larga.
- **la** piel blanca.
- **los** ojos azules.
- **la** cara redonda.
- **el** cuerpo musculoso.

resumir un texto

Se trata de un artículo…
El texto habla sobre…
El autor dice que…
En su opinión…
Según algunos expertos…
Finalmente…

¿Es la belleza algo material o espiritual? ¿Es posible medirla? ¿Para qué? ¿Es más bella la piel negra o la blanca? ¿Qué es más bello, el pelo rubio o negro? ¿Un calvo no es bello? ¿Los pies pequeños de una mujer china son más bellos que un número 40? ¿Son bellos los tatuajes? ¿Y por qué ahora se perforan narices, labios y ombligos con aros de metal? Conclusión: la belleza es relativa, es totalmente social, cultural e histórica.

En un mundo dominado por la ganancia económica, también la belleza ha pasado a ser un artículo más de consumo, una mercancía. Tradicionalmente es un producto de consumo femenino, aunque hoy en día existe una creciente preocupación por la "belleza" física por parte de los hombres. Sin embargo, la belleza sigue siendo un atributo de las mujeres, que están consideradas como objeto, correspondiendo al cliché de "tonta bonita". *Adaptado de Marcelo Colussi*

Durante mucho tiempo, los científicos pensaron que la expresión mímica de las emociones se aprendía culturalmente. Pero en los últimos años han descubierto que la forma de expresar las emociones es innata e universal. Y hace poco tiempo ha pasado

c. ¿Cuál de los textos te convence más? ¿Por qué?

10 a. Argumentar y contrastar. Observa y completa las frases del cuadro.

el uso de **pero** y **sino**
No llevo tatuajes, ... me gustan.
Mi hermano es muy guapo, ... un poco arrogante.
María no es joven, ... todavía es muy atractiva.
Mi hija no se pinta los labios, ... los ojos.
Nuestro concepto de belleza no es cultural, ... universal.

Para introducir un contraste o una restricción se usa **pero**. Para corregir una información y sustituirla por otra se usa **sino**.

b. Temas de discusión.
Marca si estás de acuerdo o no con las siguientes opiniones y escribe tus razones. Después, por turnos, cada persona da su opinión.

opinión	+	−	¿Por qué?
Las personas atractivas son más felices, tanto hombres como mujeres.			
Las personas guapas lo tienen más difícil porque se piensa que han llegado donde están por su aspecto.			
Las personas que se preocupan mucho por su aspecto físico son superficiales.			
Nuestro modelo de belleza nos es impuesto por poderosas empresas que ganan su dinero con eso.			
Es una tontería intentar mantener el aspecto juvenil. Las arrugas hacen una cara interesante.			
La belleza física no es espejo de la belleza del alma.			

acuerdo y desacuerdo
Soy de la misma opinión. Estoy de acuerdo contigo. Pienso lo mismo.
No soy de esa opinión. No estoy de acuerdo. Para nada. En absoluto.

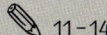 11–14

algo parecido con la percepción de la belleza. Nuestro concepto de belleza no depende tanto de las convenciones culturales, sino de la biología: nos gusta ver señales de salud y de fertilidad, que se expresan en un pelo seductor, en una piel suave y sin imperfecciones, en la forma de reloj de arena de las mujeres y en un cuerpo musculoso de los hombres. No hay ninguna cultura que diga, por ejemplo, que la piel con muchas imperfecciones o el pelo débil sean atractivos. Existen señales universales de salud y además nos parecen atractivas las características que diferencian los hombres de las mujeres. Por ejemplo, si en una cara o en un cuerpo femenino los rasgos típicos femeninos están acentuados (los ojos más grandes, la cintura más fina), lo encontramos más atractivo.

Adaptado de Eduardo Punset

1 Grandes momentos

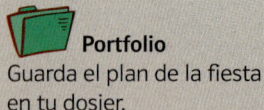

Portfolio
Guarda el plan de la fiesta en tu dosier.

Tarea final Organizamos una fiesta

Tu clase quiere organizar una fiesta latina para los estudiantes de todos los cursos de español. Para recibir apoyo y dinero de la institución, tenéis que elaborar un plan detallado de lo que pensáis hacer y presentarlo a la directora.

1. En grupos de tres o cuatro. Cada grupo hace una propuesta para la fiesta. Tenéis que
   - fijar la fecha y duración.
   - decidir y presentar el lugar donde se celebrará.
   - preparar una planificación detallada de la fiesta (decoración, comida, programa, música) y repartir las tareas.
   - calcular los costes.
   - escribir una invitación.

2. Cada grupo presenta su propuesta. Los otros la comentan y al final se elige la mejor.

PROYECTO: FIESTA LATINA

Fecha: _____
Lugar: _____

decoración:
Pensamos decorar la sala con…

comida:
Lo mejor sería un bufé con diferentes productos típicos de…, por ejemplo…
Contamos con la contribución de…

programa:
El curso de salsa podría…
Para que el público participe, se puede repartir un cuestionario sobre el mundo hispano y ofrecer un premio (por ejemplo…) a la persona que gana.

música:
Contamos con la ayuda de la escuela para…
Queremos invitar a…

Amor imposible

Capítulo 7: Una visita ▶▶ 5

Es increíble. Hoy no ha pasado nada. Tenemos el texto, tenemos la grabación completa con todos los actores, tenemos los efectos de sonido. Y cada día nos llegan más cartas y correos de oyentes que nos siguen. ¡Qué éxito!
¿Has escuchado el capítulo de hoy? ¿Qué te parece el nuevo personaje que aparece en el capítulo de hoy? ¿Te ha gustado el capítulo? A mí también me ha gustado este giro en la historia. Y el actor lo ha hecho de maravilla. Hemos tenido mucha suerte de encontrar actores tan buenos y dispuestos a trabajar por poco dinero. Así da gusto.

Por eso, ahora vamos a relajarnos y a tomar unos cafés. Pero buenos cafés, por eso hoy no los va a preparar Joaquín, sino tú. Aquí tienes la lista de los pedidos: Raúl quiere un cortado, Nuria ha pedido un café vienés, Joaquín pide uno solo y a mí me preparas un carajillo, por favor.
¿Recuerdas cómo se preparan estos cafés? Si no, mira el nivel B1.2. ¿Tú qué tomas?

Muchas gracias por los cafés. Y ahora tengo una pregunta: ¿Qué piensas que va a pasar en el próximo capítulo de "Amor imposible"? Anótalo, por favor, y no olvides preparar, como siempre, el resumen de este capítulo.

14 | catorce

Con sabor

El tomate

¿Recuerdas cuando aprendías los colores? Seguramente escribiste frases como "amarillo como el limón, rojo como el tomate". Rojo, sí, pero también amarillo, verde, incluso negro. Las variedades que más consumimos actualmente son las rojas, pero cuando el tomate llegó a Europa en el siglo XVI, se cultivaba como una planta decorativa y se apreciaban sobre todo las variedades amarillas. Por eso en italiano se llama *pomodoro*, que significa "manzana de oro".

- *Haz una lista con todos los alimentos que recuerdas, clasificándolos por su color.*

Como la patata, que es de la misma familia, el tomate es originario de los Andes peruanos. Su nombre viene del náhuatl *xitomatl*, que significa "fruto con ombligo". Este nombre no solo lo caracteriza muy bien, sino que aclara un malentendido: los tomates no son verduras, en realidad son frutas como las naranjas o las manzanas. Consideramos el tomate como una verdura porque generalmente lo consumimos en ensaladas o salsas, combinado con pasta, arroz o carne. Frotándolo en el pan y con un poquito de aceite se obtiene el delicioso "pan con tomate", ideal para acompañar, por ejemplo, un plato de jamón.

GAZPACHO

6 tomates maduros grandes
2 pimientos verdes, 1 pimiento rojo
1 pepino
1 cebolla grande
1 diente de ajo
2 rebanadas de pan del día anterior
sal, aceite de oliva, vinagre

☐ Poner todos los ingredientes en la batidora eléctrica, añadir un poco de agua y batir hasta conseguir una crema.
☐ Añadir aceite de oliva, vinagre, agua y sal a gusto.
☐ Primero pelar los tomates y quitar las semillas.
☐ Y consumir muy frío. ¡Buen provecho!
☐ En tercer lugar, cortar el pepino, la cebolla y el ajo.
☐ Por último, puede acompañarlo con unos trozos de pan frito.
☐ Cuando los ingredientes estén perfectamente mezclados, echar el líquido en un recipiente.
☐ Después cortar los pimientos y quitar las semillas también.

- *¿Comes tomates con frecuencia? ¿En qué forma?*

Muchas personas suelen pedir un zumo de tomate cuando viajan en avión, aunque normalmente no lo tomen. Hace poco los científicos encontraron la explicación: en los aviones la presión atmosférica es más baja y en estas condiciones el zumo de tomate sabe más fresco.

- *Una bebida con zumo de tomate es el Bloody Mary. ¿Sabes lo que es?*

El tomate está cada vez más valorado en una alimentación sana por sus vitaminas y una serie de sustancias importantes para el cuerpo como el licopeno, un colorante natural que da a los tomates su color rojo y ayuda a prevenir el cáncer. ¿Sabía usted que el licopeno no se destruye cuando se cocina el tomate? Al contrario, aumenta. Por eso el *ketchup* contiene más licopeno que el tomate natural.

Un plato típico del sur de España y muy popular en verano es el gazpacho.

- *¿Puedes poner la receta en orden? La recompensa será un plato sano y refrescante para el verano.*

Mundos en contacto

El corazón del Caribe

El secreto mejor guardado de Sudamérica

2

hablar del paisaje, clima, sociedad y cultura de un país • tomar notas de una conferencia • preparar una presentación sobre un país o una región • transmitir las palabras de otra persona

Piedra, agua, aire, alma. ¿La sientes?

1 a. Mira las fotos. ¿De dónde podrían ser?
¿Qué palabras relacionas con cada una? Escribe cuatro palabras y compáralas con dos compañeros/-as.

b. Escucha tres textos publicitarios. ¿A qué foto se refiere cada uno? ▶▶ 6 – 8
¿Con qué país o región relacionas estos grupos de palabras?

cordillera de los Andes, selva amazónica, lago Titicaca: ....

piedras milenarias, rías, bosques atlánticos: ....

isla, selva tropical, arquitectura colonial: ....

diecisiete | 17

2 Mundos en contacto

REVISTA AVENTURA
Gran concurso

Gana unas vacaciones de lujo para 2 personas. Haz realidad el viaje de tus sueños participando en nuestro concurso.

¿Conoces el mundo latinoamericano?

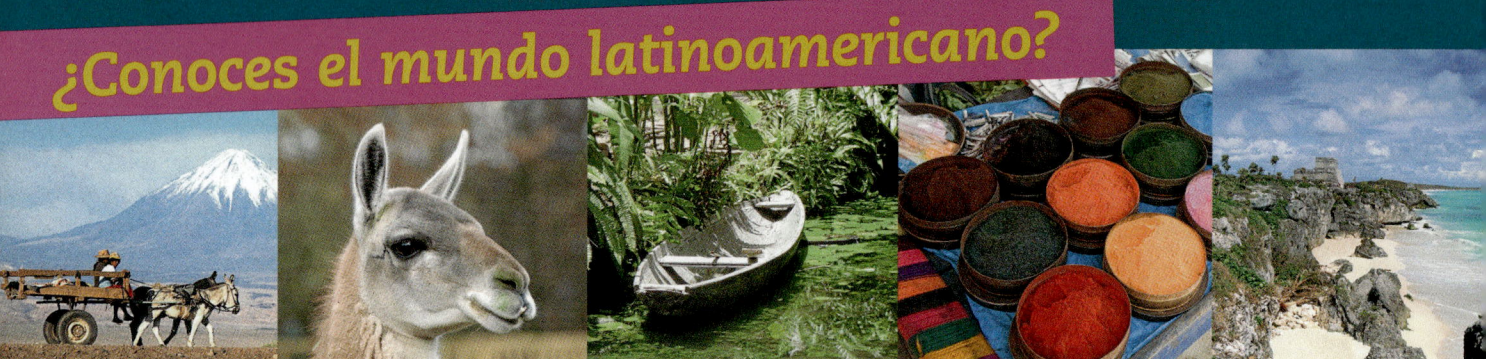

1 ¿Cuál es el país con mayor población de Latinoamérica?
- México
- Chile
- Perú

2 México limita al sur con…
- Estados Unidos
- Guatemala y Belice
- Honduras y El Salvador

3 ¿Por cuál de estos tres países **no** pasa el río Amazonas?
- Perú
- Colombia
- El Salvador

4 Atacama es el nombre de…
- un desierto
- un volcán
- una selva

5 Si quiere bañarse en una playa del Caribe, tiene que ir a…
- Chile
- Uruguay
- La República Dominicana

6 ¿En qué país de Latinoamérica es el inglés lengua oficial junto con el castellano?
- Cuba
- Puerto Rico
- La República Dominicana

7 ¿A qué altura sobre el nivel del mar se encuentra La Paz?
- A más de 3.000 m
- A unos 2.000 m
- Al nivel del mar

8 ¿Cómo se llama la montaña más alta en la cordillera de los Andes?
- Machu Picchu
- Aconcagua
- Iguazú

9 ¿Qué es el ceviche?
- Un baile
- Una comida
- Un animal salvaje

10 ¿Qué es Yucatán?
- Una península
- Una planta
- Un pueblo indígena

11 El merengue es un baile típico de…
- La República Dominicana
- Venezuela
- Guatemala

12 ¿Qué país tiene costa en el océano Atlántico?
- Chile
- Uruguay
- Colombia

Para participar visita la siguiente web: www.viajeaventura.com.   ¡Hasta el 12 de noviembre!

De aquí y de allá

2 a. Participa en el gran concurso para ganar un viaje.
Luego compara tus respuestas con las de dos compañeros/-as. Al final se comentan los resultados con toda la clase.

18 | dieciocho

b. Un concurso sobre el mundo hispano.
La clase se divide en dos equipos. Cada uno busca informaciones sobre el mundo hispano y prepara 5 tarjetas con preguntas. Por turnos, cada equipo hace una pregunta al otro. Tenéis 30 segundos para responder.

El 3^{cr} productor de café en el mundo es
☐ Guatemala
☐ Colombia
☐ Brasil

Juan Mari Arzak es un
☐ escritor chileno
☐ futbolista argentino
☐ cocinero vasco

3 a. Datos básicos de un país.
Lee los datos y completa la ficha con las palabras que faltan. ¿A qué país de la primera página de la unidad crees que corresponden estos datos?

situación geográfica | superficie | número de habitantes | clima | forma de estado | idiomas | moneda | religión

DATOS BÁSICOS DE ....

- ....
  en el Mar Caribe
- ....
  estado libre asociado
- ....
  9 104 km²
- ....
  4 615 500 (2011)
- ....
  católica (88%), protestante, judía, musulmana

- ....
  español e inglés
- ....
  dólar estadounidense
- ....
  De tropical a subtropical lluvioso. El norte es lluvioso durante todo el año, el sur es más seco, con un clima tropical desértico. El centro es muy montañoso, húmedo y frío.

b. Describir un país o una región.
Busca en el test del mundo hispano y en la ficha anterior todas las palabras para describir un país o una región. ¿Puedes añadir más ejemplos en cada grupo?

paisaje	clima	religión	cultura
río	tropical	católica	merengue

4 ¿Qué es?
Cada persona piensa en un lugar (río, montaña, país, región…) y toma notas para describirlo. Luego lee la descripción a los otros, que dicen a qué se refiere.

● Es un pequeño país montañoso de Europa donde se hablan cuatro idiomas. Tiene un clima suave en el sur y mucha nieve en las montañas.
○ ¿Suiza?

1-3

diecinueve | **19**

2 Mundos en contacto

Lenguas en contacto

5 **a. Un experto habla sobre las lenguas de Bolivia.**
Antes de escuchar la conferencia, ¿crees que las siguientes afirmaciones son verdaderas o falsas?

1. Todos los bolivianos hablan español.
2. Las lenguas indígenas tienen influencia en el español de Bolivia.
3. Las lenguas indígenas solo se hablan en la familia.
4. Los indigenismos no se usan en la lengua escrita.

b. Escucha la conferencia del experto y comprueba tus hipótesis. ▶▶ 9–10
¿Puedes añadir algún detalle a estos aspectos que ha mencionado?

BOLIVIA, PAÍS PLURILINGÜE	INFLUENCIA DE LAS LENGUAS INDÍGENAS	OBJETIVOS DE LAS INSTITUCIONES EDUCATIVAS
•	•	• ....
•	•	• ....
•	•	• ....
•		

c. Un resumen.
Con ayuda de las notas que has tomado escribe un breve resumen del contenido de la conferencia. Compara con un/a compañero/-a.

6 **a. Introducción y despedida.**
En la introducción y en la despedida de la conferencia aparece un nuevo tiempo verbal, el perfecto de subjuntivo. Subraya los ejemplos y completa el cuadro y la regla.

Me alegro mucho de que la Embajada boliviana me haya invitado a participar en esta jornada sobre las lenguas indígenas en Bolivia y su influencia en el español.

Muchísimas gracias por su atención. Espero que hayan disfrutado tanto como yo y el tema les haya parecido interesante.

El perfecto de subjuntivo se forma con el presente de subjuntivo del verbo .... y el ....
Se usa en los mismos casos que el presente de subjuntivo, pero para referirse al pasado.
Espero que me **inviten**.
Me alegro de que me **hayan invitado**.

el perfecto de subjuntivo	.... + ...

El profesor se alegra de que Espera que	yo tú él / ella / usted nosotros/-as vosotros/-as ellos/-as / ustedes	haya hayas .... hayamos hayáis	llegado a la conferencia. aprendido algo nuevo.

20 | veinte

b. Problemas en la conferencia. ¿Qué ha pasado?
¿Has vivido situaciones parecidas? Formula frases con el presente o perfecto de subjuntivo.

1. Llegas a la sala de conferencias. Encuentras la puerta cerrada y no hay nadie.
   Es posible que ....
2. Muchos asistentes no tienen sillas para sentarse.
   Quizás ....
3. Después de quince minutos el profesor Albó todavía no ha llegado.
   Tal vez ....
4. El profesor Albó empieza a hablar, pero no se oye nada.
   Es posible que ....
5. El proyector está encendido, pero no se ve la imagen.
   Probablemente ....

c. ¿Y tú? ¿Has tenido que hablar en público (examen, trabajo…)? ¿Qué tal?
En grupos de tres. Cuenta una situación en la que has tenido que presentar algo.
¿Te has puesto nervioso/-a porque algo no funcionaba?

4–6

7 a. Preparar una presentación.
Completa en tu cuaderno el mapa asociativo con las siguientes expresiones.
Puedes utilizar también otras que están en la lección. Luego compara con un/a
compañero/-a.

primeramente | es decir | para terminar | en otras palabras | sin embargo |
por esto | en resumen | en segundo lugar | mejor dicho | por último | en cambio |
por ejemplo | en cuanto a | así que | finalmente | en consecuencia | además

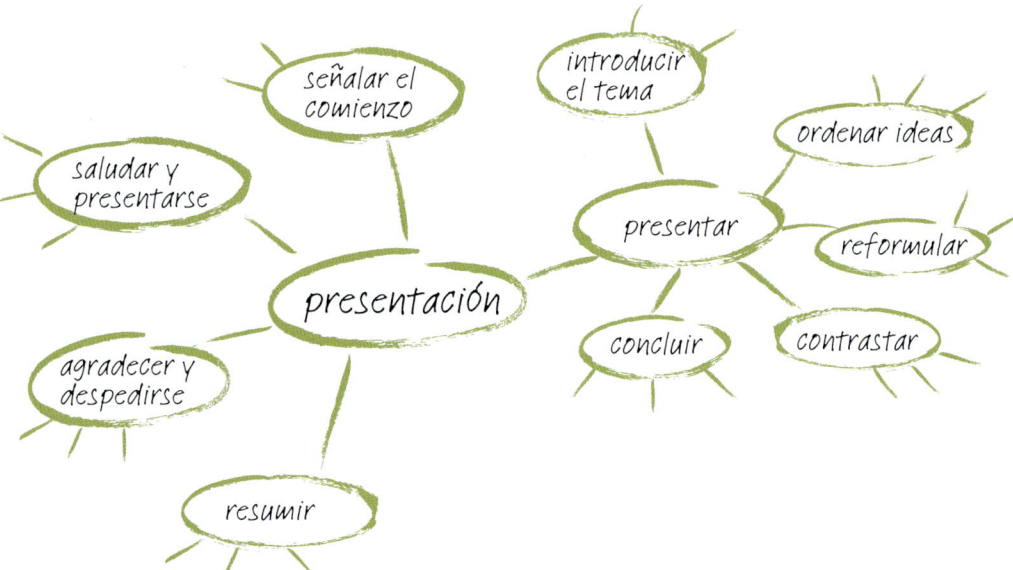

b. Una pequeña presentación.
Prepara una presentación de dos minutos sobre uno de estos temas. Haz primero
una lista de tus ideas y prepara la estructura de la presentación. Al final unos/-as
voluntarios/-as hacen su presentación a los demás compañeros.

tu ciudad | un libro o una película recomendable | tu trabajo | una alimentación sana

7

2 Mundos en contacto

Perdón, ¿cómo has dicho?

8 **a. ¿Has escuchado hablar del "spanglish"? ¿Te imaginas qué es y dónde se habla?**
Lee la entrevista con Ilan Stavans, filólogo y catedrático de cultura latinoamericana, y marca la opción que mejor resume su punto de vista.

1. El spanglish es un peligro para el español puro.
2. El spanglish es un fenómeno oral.
3. El spanglish es una lengua viva y con mucho futuro.

Buenas tardes, señor Stavans.
Hallo, gringo. ¿Cómo estás *you el día de today*?

Perdón, ¿cómo ha dicho?
Entiendo, necesita subtítulos, no se preocupe, *between, between and drink a chair*.

¿Qué?
Que entre y tome asiento. Verá, el spanglish es una mezcla entre el inglés y el español, un cruce de dos lenguas y dos culturas. El spanglish va más allá de la clase social, la raza, el grupo étnico y la edad. Lo hablan 40 millones de personas y el número de hablantes continuará creciendo.

¿Cuándo empezó a hablarse?
En 1848, cuando México vendió dos terceras partes de su territorio a Estados Unidos por 15 millones.

Sin embargo, otras lenguas extranjeras desaparecieron de Estados Unidos.
Sí, el alemán, el francés, el polaco, el ruso, el italiano o el yiddish han desaparecido a partir de la segunda generación de inmigrantes. En cambio, el castellano tiene muchísima presencia, hay más emisoras de radio en California que en toda Centroamérica.

¿Se escribe y se habla en spanglish?
Sí, el otro día en un diario puertorriqueño leí: "Una de las actividades favoritas de la región es el *jangueo en los malls*…"

Y ¿qué significa?
"Janguear", que viene del verbo inglés "to hang out", significa pasar el rato, divertirse. En su mayoría esas expresiones son adaptaciones literales del inglés, como "llamar pa'tras", que viene de "to call you back".

La Real Academia de la Lengua no debe estar muy contenta.
No, pero es absurdo. ¿Cuál es el español puro y legítimo? ¿El de Cervantes? Y ¿quién lo habla en la actualidad?

¿Qué piensa la sociedad estadounidense de este tema?
En algunos estados existe una ley "English Only", pero EE. UU. es un país bilingüe, esa es la realidad.

¿Usted cree que el spanglish tiene futuro?
Sí, llegará a ser un idioma porque es muy creativo, muy espontáneo, muy libre.

Adaptado de LA VANGUARDIA

b. ¿Existe algo parecido en tu idioma? *Pendrive, mail, meeting*… **¿Cuántas palabras inglesas has utilizado hoy?**
En parejas, haced en dos minutos una lista de palabras extranjeras que soléis usar. ¿Tienen un equivalente en tu idioma? ¿Y en español? ¿Estarías de acuerdo con prohibir su uso en los medios de comunicación, por ejemplo?

9 a. ¿Qué dijo el profesor Stavans?

David escribe un correo electrónico a una compañera de clase contándole sobre una conferencia con el profesor Stavans. Lee el mensaje y corrige la información equivocada.

> Hola, Clara:
>
> ¿Cómo estás you al día de today? La semana pasada estuve en una conferencia del profesor Stavans, fue muy interesante. Stavans dijo que el spanglish era una mezcla. Explicó que había nacido en México y que ya lo hablaban unos 100 millones de personas y que aunque otras lenguas en Estados Unidos habían desaparecido, el spanglish continuaría creciendo. Stavans contó que él incluso había decidido usarlo en sus clases. ¡Qué tipo tan divertido!
> Bueno, tengo que irme.
>
> David

b. El estilo indirecto en pasado. Lee otra vez el correo y completa el cuadro y la regla.

Dice:	Dijo… / Decía…
"El spanglish es una mezcla."	que el spanglish .... una mezcla.
"Ha nacido en México."	que .... nacido en México.
"Otras lenguas han desaparecido."	que otras lenguas .... desaparecido.
"El spanglish continuará creciendo."	que el spanglish .... creciendo.

Cuando el verbo **decir** está en indefinido o imperfecto, cambian los tiempos:
presente → ....
perfecto → ⎤
indefinido → ⎦ ....
futuro → ....

"¿Estás mañana aquí?" Ayer me preguntó si **hoy estaba allí**.

c. Comentarios después de la conferencia. ¿Qué dijeron?

Reformula en estilo indirecto las opiniones del público. Compara con tu compañero/-a.

1. **Estoy** de acuerdo con él. Nunca **ha existido** un idioma puro.

2. La conferencia **me ha parecido** muy interesante, porque en España **este** tema no lo **conocemos** bien.

3. **Aquí** (en España) **esto** no **existe**. Mis hijos no lo **aprenderán** en la escuela.

4. **Ayer habló** otro conferenciante sobre el mismo tema y **dijo** todo lo contrario.

5. Para **mí**, el spanglish **es** una moda que en unos años **desaparecerá**.

10 ¿Y tú qué opinas?

En dos grupos, exponed vuestras opiniones sobre estos temas. Una persona de cada grupo hace de secretario/-a: toma notas de los argumentos y los presenta en el pleno.

Todas las escuelas en nuestro país deberían ser bilingües.
Es imposible aprender bien una lengua extranjera si no se aprende desde la infancia.
El inglés debería ser la (segunda) lengua oficial en todos los países.
Aprender una lengua que no habla mucha gente es una pérdida de tiempo.

8–10

2 Mundos en contacto

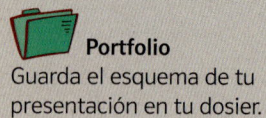
Portfolio
Guarda el esquema de tu presentación en tu dosier.

Tarea final De aquí venimos

Vais a participar en el congreso "Culturas en contacto" y tenéis que preparar una presentación de vuestro país o región.

1. En tres grupos. Tomad notas sobre los aspectos que vais a tratar: situación geográfica, paisaje, idioma, cultura, clima, folclore, gastronomía, etc.

2. Estructurad la presentación: preparad un saludo y una introducción, organizad la parte principal con los conectores necesarios y terminad dando las gracias.

3. Preparad una hoja con el esquema de los puntos que vais a tratar para repartir entre los asistentes.

4. Un/a voluntario/-a de cada grupo hace la presentación. La clase valora los siguientes aspectos con una puntuación del 1 al 5.

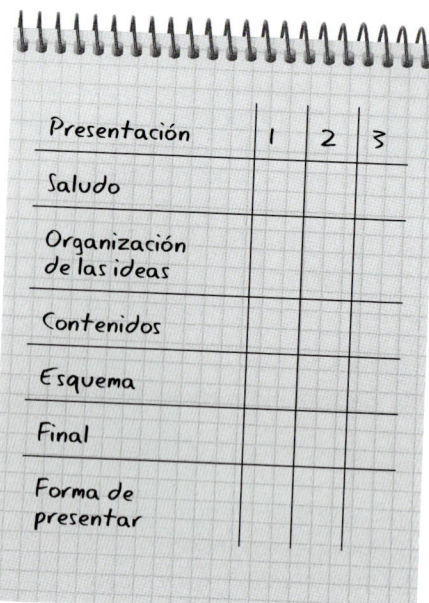

Amor imposible

Capítulo 8: Una canción ▶▶ 11

Hola, hola. Perdona este saludo tan breve. Es que hoy tenemos otra vez un poco de estrés. Como siempre, tenemos un pequeño problema. En este capítulo hay una canción muy importante, estamos convencidos de que va a ser un gran éxito, quizás la canción del verano. Pero una vez más Raúl y Nuria me han dejado dos versiones sobre la mesa y no sé cuál es la definitiva. ¡Me van a volver loca! Menos mal que estás tú aquí.

Por favor, escucha el capítulo y presta mucha atención a la canción. Después decide cuál es el texto correcto.

Además, no olvides escribir el resumen del capítulo, como siempre.

*Hoy me he decidido
a seguir tu camino,
lo he dejado todo
para estar contigo.*

*No sé dónde estarás,
si te voy a encontrar,
si me puedes perdonar,
si un día volverás.*

*¿Es nuestro amor imposible?
¿O te encontraré?*

*Hoy me he decidido
sigo tu camino,
lo he dejado todo
por ti.*

*No sé dónde has ido,
si lograré encontrarte,
si perdonas,
si vuelves a mí.*

*Será algo muy importante,
será un amor imposible.*

24 | veinticuatro

Con sabor

El jamón
Es imposible imaginar los bares españoles sin las tapas: pescadito frito, tortilla de patatas, gambas, queso manchego… Hay muchísimas, frías o calientes, simples o muy elaboradas. Pero se puede decir que la reina de las tapas es el jamón. Cortado en lonchas o en trozos, con unas rebanadas de pan con tomate y un buen vino o una cerveza muy fría… ¡Delicioso!

■ *¿Te gustan las tapas? ¿Cuál es tu favorita? ¿Es una tapa fría o caliente?*

el arte de cortar

El jamón se obtiene de las patas traseras del cerdo, que se cubren con sal de modo que esta entra poco a poco en su interior. Es un proceso lento que se tiene que controlar bien. Los maestros jamoneros controlan la temperatura, la humedad del aire y, como con las botellas de vino en las bodegas, les dan la vuelta a las piezas de jamón para que la sal las cubra bien. Cuando termina este proceso, los jamones se "curan", esto significa que se dejan secar al aire sin añadir ningún producto químico.

el cerdo ibérico o "pata negra"

■ *¿Conoces otros productos parecidos? ¿Cómo te gusta más el jamón: curado, cocido, ahumado?*

Pero no todos los jamones son iguales. La calidad del jamón varía según la raza de los cerdos y la alimentación que estos han recibido. En España existen principalmente dos tipos de jamón: el serrano y el ibérico.
El más conocido es el jamón serrano, que se hace de la raza de cerdos blancos de granja. "Serrano" viene de la palabra "sierra", que significa "montaña". Se trata de un jamón que ha sido curado en la montaña, donde el clima es frío y seco. Según el tiempo que dura este proceso, se distinguen tres categorías de calidad similares a las del vino: Bodega (de 9 a 12 meses), Reserva (de 12 a 15 meses) y Gran Reserva (más de 15 meses).

El jamón de calidad más alta es el llamado "jamón ibérico de bellota". "Ibérico" quiere decir que el cerdo es de raza ibérica, una variedad de cerdos propia de la península ibérica, que llegó allí con los colonizadores fenicios (hacia el siglo XI antes de Cristo) y se mezcló con los jabalíes salvajes. Para que un jamón se pueda denominar ibérico, los cerdos tienen que ser de esta raza o por lo menos el 50 %. Estos cerdos se mueven libremente por el campo y se alimentan sobre todo de bellotas. La región de Extremadura es la mayor productora de jamón ibérico, que se consigue en un largo proceso que puede durar hasta tres años. Es uno de los productos gastronómicos más exclusivos del mundo, lo que se nota también en su precio: un kilo de jamón ibérico auténtico de bellota cortado suele costar más de 100 euros.

■ *¿Pagarías tú tanto por este producto exclusivo?*

Los puristas del jamón dicen que para conservar todo su sabor tiene que cortarse a mano y no a máquina. Y además, tiene que cortarse con un cuchillo especial, el cuchillo jamonero, que es muy largo, estrecho y flexible. Cortar bien el jamón exige mucha precisión y una técnica especial para que las lonchas sean finas y uniformes. ¡Buen provecho!

Solidarios

hablar de la situación política • protestar • expresar obligación y necesidad • expresar rechazo • expresar condiciones más o menos probables • hacer comparaciones irreales

3

1 a. Observa las fotos. ¿Por qué motivos crees que las personas salen a la calle?

la inflación
el paro
la corrupción
el terrorismo
el maltrato de animales
la represión política
el precio de la vivienda
la discriminación
la destrucción del medio ambiente
la subida de impuestos
la contaminación
la violencia

b. ¿Has visto manifestaciones en tu país o ciudad? ¿Por qué o contra qué?
¿Has participado en alguna? ¿Cómo fue la experiencia? Coméntalo con tus compañeros/-as.

c. Escucha un reportaje. ¿Qué están reclamando los manifestantes? ▶▶ 12
¿A cuál de las fotos crees que se refiere?

veintisiete | **27**

3 Solidarios

Si todos colaboráramos…

2 **a. Estos logos pertenecen a diferentes organizaciones. ¿Qué actividades crees que realizan? ¿Existen asociaciones parecidas en tu país?**

1

3

5

2

4

6

b. ¿Qué asociaciones apoyan estas personas?
Lee los comentarios y relaciona.

☐ Es una pena que muchas personas mayores se encuentren solas. Nos comportamos como si no existieran y las encerramos en residencias. Yo acompaño a una señora de 82 años dos veces a la semana a pasear o a comprar y me hace muy feliz poder ayudarla.

☐ La naturaleza está en peligro por nuestros hábitos de producción y de consumo. Tenemos un país rico y si queremos conservarlo, tenemos que hacer algo pronto.

☐ Yo apoyo esta fundación porque creo que la educación es muy importante para los cambios sociales. Si todos los niños pudieran ir a la escuela, habría menos problemas en el mundo.

☐ Soy miembro de esta asociación para defender sus derechos. Ellos no lo pueden hacer solos. Hay gente que los trata como si fueran objetos o juguetes.

☐ El racismo está creciendo y cada día hay más violencia. Si todos colaboramos para luchar contra los prejuicios, este problema desaparecerá.

☐ Estoy divorciado y solo puedo ver a mi hija dos veces al mes. Mis padres, sus abuelos, tampoco tienen el derecho de verla. Si la ley fuera justa, un padre tendría los mismos derechos que una madre.

✎ 1-3

comprometerse

Apoyo…
Colaboro con…
Soy socio/-a de…
Soy miembro de…
Soy voluntario/-a en…

c. ¿Colaboras o has colaborado con alguna asociación?
¿O te gustaría colaborar con una de las de arriba? ¿En cuál? ¿Por qué?

3 a. ¿Real o no?

En los comentarios has visto una nueva forma verbal: el imperfecto de subjuntivo. ¿Expresa algo real o irreal? Observa estas frases y luego completa el cuadro con las formas que faltan.

"Tratan a los animales como si fueran objetos." (*pero no lo son*)
"Nos comportamos como si los mayores no existieran." (*pero existen*)

	-ar	-er/-ir	irregulares
yo	colabora**ra**	....	estar: estuviera, …
tú	colabora**ras**	existie**ras**	tener: tuviera, …
él / ella / usted	colabora**ra**	....	ser / ir: fuera, …
nosotros/-as	colabor**áramos**	existi**éramos**	haber: hubiera, …
vosotros/-as	colabora**rais**	existie**rais**	poder: pudiera, …
ellos / ellas / ustedes	colabora**ran**	....	venir: viniera, …

Para formar el imperfecto de subjuntivo partimos de la 3ª persona del plural del indefinido:

indefinido	imp. de subj.
ellos colabora**ron**	colabora**ra**
ellos fue**ron**	fue**ra**, fue**ras**

b. Gimasia verbal y corporal.

Uno/-a empieza y representa una de estas actividades con mímica. Quien la identifique primero, y además lo diga correctamente como en el modelo, sigue con la representación de otra actividad.

● Estás haciendo como si tocaras la flauta.

tocar la flauta | abrir una botella de vino | tocar el clarinete | limpiar las ventanas | planchar | escribir en la pizarra | tocar el piano | hablar por teléfono | limpiar los zapatos | abrir una botella de champán | escribir en el ordenador | limpiar un espejo | …

c. ¿Cuáles de estas frases son más / menos probables?

Busca más ejemplos en los comentarios de la actividad 2b y completa la tabla.

	condición	consecuencia
más probable	Si todos **colaboramos**, Si .... Si	este problema **desaparecerá**.
menos probable	Si todos **colaboráramos**, Si .... Si	este problema **desaparecería**.

¿Recuerdas las formas?

el futuro:
yo ayudaré, tú ayudarás…

el condicional:
yo ayudaría, tú ayudarías…

d. Relaciona estas partes de frases. ¿Cuáles son más probables y cuáles menos?

No necesitaremos centrales nucleares
La gente no abandonaría a los animales
Menos gente viviría en la calle
Habrá menos tráfico en las ciudades
La gente mayor no estaría tan sola
Viviríamos todos en un mundo mejor

si usamos los transportes públicos.
si todos tuvieran derecho a una vivienda.
si consumimos menos energía.
si fuéramos más solidarios.
si fuera más responsable.
si la integráramos socialmente.

✏ 4, 5

3 Solidarios

4 a. ¿Sería una gran ventaja o una pena?
Lee estas frases y decide en cada caso si para ti sería una ventaja o una pena. Luego, en cadena, formulad vuestra opinión usando el imperfecto de subjuntivo.

No tenemos que pagar impuestos.
El gobierno decide crear "un domingo sin coches" por mes.
Nos alimentamos solo con productos biológicos.
Se prohíbe la publicidad en la televisión.
Se inventa una vacuna contra el sobrepeso.
Tu profesora deja el curso y vuelve a su país.
Tu escuela introduce un examen obligatorio al final del curso.

- Sería una gran ventaja si no tuviéramos que pagar impuestos.
○ Sería una pena si se prohibiera…

b. Consecuencias absurdas.
En parejas, elegid uno de estos casos e imaginad algunas consecuencias. Después presentad vuestras ideas al grupo y elegid las tres más originales para cada caso.

Si las gallinas tuvieran dientes, …   Si los perros hablaran, …
Si la noche fuera día, …   Si la lluvia fuera de color, …

Un movimiento ciudadano

5 Pancartas de una manifestación. ¿Qué reivindica la gente?
Termina las frases utilizando los temas de las pancartas.

1. Quieren que todas las personas _tengan derecho a una vivienda._
2. Esperan que las empresas ....
3. Prefieren que el sistema político ....
4. Piden que el gobierno ....
5. Exigen que los políticos ....
6. Desean que la gente ....
7. No les parece justo que ....
8. Reclaman que los trabajadores ....

6-9

¿Recuerdas?
Las expresiones de deseo, sentimiento y valoración exigen el subjuntivo.

6 a. Antes de leer el siguiente texto, ¿cuáles de estas palabras crees que van a aparecer?

manifestación | redes sociales | agresión | tienda de campaña | crema solar | plaza | huelga | sindicato | respeto | movimiento | reivindicar | pancarta | educación | policía | paro | eslogan

La protesta de los indignados

El 30 de marzo de 2011, el Sindicato de Estudiantes de España organiza una huelga en contra del paro, la inseguridad laboral, la reducción de las ayudas a la educación y el Plan Bolonia.

Animados por el libro ¡Indignaos! de Stéphane Hessel, uno de los autores de la Declaración Universal de los Derechos Humanos, miles de personas salen a la calle el 15 de mayo para protestar contra el gobierno, la crisis inmobiliaria y el sistema político con eslóganes como "Democracia real, ¡YA!". Dos días después, gracias a la información a través de internet y las redes sociales, se concentran en la Puerta del Sol de Madrid más de 10.000 personas para apoyar la protesta contra la situación política, económica y social del país y para denunciar la corrupción de los políticos, los empresarios y los banqueros.

Lo que parecía una simple manifestación se convierte en la "Acampada de Sol" con miles de personas de todas las edades que se instalan en la plaza central de Madrid con pancartas como "Yes we camp" o "Si no nos dejáis soñar, no os dejaremos dormir". Nace el Movimiento de Indignados 15-M.

A partir de ese momento empieza a haber "acampadas" en todas las ciudades del país, y muchas ciudades europeas se unen al movimiento con manifestaciones de protesta.

Durante semanas, miles de ciudadanos deciden quedarse a dormir y a convivir en las plazas de las ciudades y de los barrios. Esos días los mensajes del movimiento 15-M llegan a toda la clase política y a los medios de comunicación tanto nacionales como internacionales. A principios de junio se levantan los campamentos de las ciudades, pero el movimiento continúa su trabajo y promete que su protesta volverá a ocupar las calles.

TESTIMONIO DE UNA TURISTA:

Para mí fue una experiencia única, totalmente diferente de otras manifestaciones. Fue un placer enorme leer los carteles, todo lo que la gente escribe, que es también lo que yo pienso. También como turista tú podías andar por esos caminos muy pequeños entre tienda y tienda y podías entrar y preguntar. Todo el mundo se preocupaba por informarte y contestarte con paciencia. Estaban realmente agradecidos de que una persona que no está dentro del movimiento viniera y se interesara. Es algo que yo hasta ahora no había vivido nunca.
Amalia Ramírez

b. Un concurso de preguntas.
La clase se divide en dos grupos. Cada uno prepara cinco preguntas sobre el texto. Luego, por turnos, cada grupo hace una pregunta que el otro tiene que contestar.

3 Solidarios

7 a. En cadena. Los motivos de la protesta.
Con ayuda del texto anterior di por qué los "indignados" se han decidido por esta forma de protesta. Las expresiones del cuadro te ayudarán.

- A los indignados les indigna la crisis inmobiliaria.

expresar rechazo	
Les molesta/n	las mentiras de los políticos.
Les indigna/n	no encontrar vivienda.
Les fastidia/n	que los bancos tengan este poder.
Les resulta/n incomprensible/s	que no se haga nada contra el paro.

b. Piensa ahora en tu país y completa las siguientes frases.

expresar obligación
deberíamos
tendríamos que
habría que
hace falta

Me indigna ....
No me parece justo ....
Todos deberíamos ....
Habría que ....

 10

8 a. Lee cómo vivieron estas personas la acampada de la Puerta del Sol. ▶▶ 13–15
Luego escucha una entrevista con cada una de ellas y di quién está hablando.

Claudia Castillo, 29 años Cuando salía de su trabajo, ayudaba en la organización de las reuniones en los barrios. También coordinaba los trabajos de limpieza y colaboraba en trabajos de comunicación y relaciones con la prensa.

Vicente Soler, 59 años El cocinero tuvo que cerrar su restaurante a causa de la crisis. Se dedicó a preparar y organizar la comida para la gente que estuvo en la Puerta del Sol durante las semanas de la acampada.

Amalia Ramírez, 41 años La fotógrafa argentina estaba de paso por el centro de Madrid. Se quedó impresionada del ambiente en la Puerta del Sol y aprovechó su visita para informarse en diferentes puestos y para sacar fotos.

b. Vuelve a escuchar a las personas y toma notas sobre estos aspectos.

	¿Qué motivos tenían?	¿Cómo fue la experiencia?
Claudia		
Vicente		
Amalia		

32 | treinta y dos

c. ¿Cuáles de estas afirmaciones corresponden a la información de las entrevistas?
Marca la información correcta y corrige la falsa.

1. Claudia Castillo tiene una carrera universitaria y no le parece normal que no encuentre trabajo.
2. No es justo que miles de jóvenes estén en la misma situación y no se haga nada.
3. Vicente Soler esperaba que le dieran un crédito para poder continuar con su restaurante, pero nadie quería ayudarle.
4. Para él era fundamental que la gente de la plaza pudiera comer.
5. Dos señoras madrileñas querían que la gente conociera su comida típica.
6. Por eso ellas prepararon una paella y no esperaban que les devolvieran las ollas.
7. En el lugar donde ofrecían protectores solares le pidieron a la fotógrafa que no sacara fotos.

d. Subraya en las frases anteriores con dos colores diferentes los verbos que están en presente y en imperfecto de subjuntivo.
¿Has notado cuándo se usa cada tiempo? Completa el cuadro con otros ejemplos.

presente	**Espera** que le **den** un crédito.
pasado	**Esperaba** que le **dieran** un crédito.

Cuando las expresiones que exigen el subjuntivo (**espero que**, etc.) están en imperfecto, indefinido o condicional, se usa el imperfecto de subjuntivo.

9 a. Padres e hijos: los principios cambian con el tiempo.
Completa las frases según tu experiencia.

Mis padres querían que yo ....
Para ellos era importante que ....
No aceptaban que ....
Me prohibieron ....
Esperaban que sus hijos ....

 11, 12

b. En grupos de tres, comparad y comentad los resultados.

c. ¿Y tú? ¿Qué esperas de tus hijos o de los jóvenes de hoy?
¿Es parecido o muy diferente de las expectativas de tus padres? Coméntalo con el grupo.

10 Un futuro con esperanza.
Muchas mejoras se han logrado gracias a gente que se movilizó contra injusticias. Comenta con tus compañeros/-as qué reivindicaba la gente en esos movimientos y qué han conseguido hasta ahora.

pacifismo | feminismo | sindicalismo | movimiento por los derechos civiles | movimiento por los derechos de los homosexuales | movimiento ecologista

- Los pacifistas querían que… y hasta ahora han conseguido…

3 Solidarios

Portfolio
Guarda las notas de la ponencia en tu dosier.

Tarea final Movimiento en mi país

Hace poco tiempo que tu profesor/a de español vive en tu país, y quiere saber algo sobre los movimientos de protesta que ha habido en tu país o en tu ciudad.

1. Haced juntos en la pizarra una lista de las manifestaciones, campañas e iniciativas que recordéis. Pueden ser "grandes movimientos" o acciones locales, por ejemplo por la construcción de una carretera, el cierre de la piscina o biblioteca municipal, etc.

2. La clase se divide en grupos. Cada grupo se decide por un movimiento o una campaña y reúne la información con ayuda de la lista.

3. Cada grupo presenta la manifestación elegida a su profesor/a. ¡Atención! Es una presentación, no se trata simplemente de leer, sino de dar una pequeña ponencia basándose en las notas escritas.

UN MOVIMIENTO DE PROTESTA:

Motivo:

Lugar:
Fecha aproximada:

Eslóganes:

Participantes:

Actividades:

Duración:
Reacciones:

Resultado:

Amor imposible

Capítulo 9: Final ▶▶ 16

Una vez más, bienvenido/-a.
¡Hoy es un día muy especial! Hoy tenemos el último capítulo de "Amor imposible", el gran final.
Han sido días de mucho trabajo y estrés, pero ha valido la pena. Entre todos hemos conseguido que nuestro proyecto sea un gran éxito. Miles de oyentes han seguido nuestra radionovela, hay clubs de fans, la canción se ha convertido en un gran éxito, tal vez será la canción del verano.
Y ahora llegamos al final de esta emocionante historia.
¿Cómo piensas que va a terminar la historia?
¿Será un final feliz o será un final triste?
¿Qué te parece si lo escuchamos juntos?

Ya te imaginas que ahora tienes que escribir un pequeño resumen de lo que ha pasado. El último. Muchas gracias.
Lee ahora todos tus resúmenes seguidos. Has escrito una pequeña historia de amor.

Con esto terminan tus tareas como asistente en Radio Estrella. Mejor dicho, con esto terminan tus tareas como asistente sin sueldo, porque has hecho un trabajo tan bueno que queremos ofrecerte un contrato fijo en nuestra emisora. ¿Qué te parece? ¿Aceptas?
¡Bravo! Nos alegramos mucho.
Bienvenido/-a al equipo de Radio Estrella.
Y para celebrarlo, hoy toda la clase se va a tomar una copa con el/la profesor/a. ¿Qué os parece?

olivo milenario

olivar andaluz

Con sabor

El aceite de oliva

El cultivo de la oliva o aceituna tiene una larga tradición en el Mediterráneo. El principal país productor es España, seguido de Italia y Grecia. En la provincia de Jaén, en Andalucía, se encuentra la mayor concentración de olivos en el mundo. Por eso su capital se considera "la capital mundial del aceite de oliva". El poeta Miguel Hernández (1910 – 1942) dedicó un poema a los trabajadores de los campos para despertar su espíritu de lucha contra la explotación. Empieza así:

Andaluces de Jaén,
aceituneros altivos,
decidme en el alma: ¿quién,
quién levantó los olivos?

No los levantó la nada,
ni el dinero, ni el señor,
sino la tierra callada,
el trabajo y el sudor.

Los olivos son árboles que pueden vivir muchos años. El aceite de los que tienen más de mil años es muy valioso. ¿Sabes cuántos años tiene el olivo más antiguo del mundo? 2.000. Es un olivo que se encuentra en Lérida.

Las aceitunas se cosechan en otoño cuando están maduras. Después se prensan para extraer el aceite. El de mejor calidad es el aceite de oliva virgen extra que se obtiene de las mejores aceitunas sin ningún proceso químico.

■ *¿Conoces otros productos de los que se puede obtener aceite?*

En los últimos años se ha visto que la dieta mediterránea es muy buena para la salud. Se basa en una alimentación con verduras, legumbres, frutas, pescado y aceite de oliva. ¿Por qué es tan apreciado el aceite de oliva virgen?
- Es el aceite que más vitaminas tiene: A, D y E.
- Es fácil de digerir.
- Se obtiene sin procedimientos químicos.
- No causa colesterol.
- Su sabor es único.
- Puede calentarse a más de 180 grados y por eso es mejor para freír.
- Se puede utilizar varias veces para freír.

■ *De todas estas razones, ¿cuáles son más importantes para ti y cuáles no?*

Encontramos el aceite de oliva sobre todo en la cocina, pero tiene también otros usos, como jabones y cosméticos o incluso como remedio casero para dejar de fumar: cada mañana antes de desayunar hay que tomar cinco gotas de aceite de oliva virgen. Dicen que funciona. Y si no, por lo menos es muy sano. La importancia del olivo en la cultura española se muestra en la gran cantidad de refranes que existen, por ejemplo: "Aceite y vino, bálsamo divino" o "El vino calienta, el aceite alimenta".

■ *¿Cocinas con aceite de oliva? ¿En qué platos o recetas lo usas?*

treinta y cinco | 35

Mirador

Hablamos de cultura: celebraciones

1 a. ¿Qué opinas tú? Marca una alternativa y coméntalo con un/a compañero/-a.

1. Bautizar a un niño me parece…
   - ☐ importante, no solo por motivos religiosos: es una celebración para dar la bienvenida al bebé.
   - ☐ poco adecuado. Mejor que el niño mismo lo decida cuando tenga más edad.

2. Celebrar una boda…
   - ☐ es importante porque será un día inolvidable para toda la vida.
   - ☐ cuesta mucho dinero que estaría mejor empleado en algo más útil y duradero.

3. Regalar dinero a los novios cuando uno está invitado a una boda…
   - ☐ significa no tomarse el trabajo de buscar algo personal o elegir algo de la lista de boda.
   - ☐ es una buena idea. Así pueden comprar lo que quieran o gastarlo en un viaje.

4. Ir a comer, beber y charlar después de un entierro…
   - ☐ es una falta de respeto. Puede ofender a los que han perdido a una persona querida.
   - ☐ significa que se vuelve a la vida normal y así los familiares no se quedan solos.

b. Una boliviana recuerda el día de su boda. ¿Es parecido a una boda en tu país?

> Me casé en La Paz con todo lo que hace falta en un boda: el traje blanco, el velo, el ramo de flores. Estaba muy nerviosa. Pero de otra forma no me lo podía imaginar. Toda la familia participó en la organización y tuvimos que hacer muchos compromisos: desde el número de invitados hasta el color de las invitaciones. Yo acepté el color "melón", que odio, y mis padres renunciaron a invitar a la mitad de sus amigos, amigos de amigos… Al final había "solo" 150 invitados. Mi marido, que es inglés, estaba un poco perdido entre tanta gente y no dejaba de preguntarme quiénes eran las personas que nos saludaban. Yo solo podía responder que yo tampoco las conocía. "Será un día para recordar toda la vida", me decía mi madre, y así fue: ¡Cuando entré en la iglesia no había nadie! Normalmente en la invitación se pone el comienzo de la ceremonia media hora antes para que la gente llegue a tiempo, pero ni siquiera eso sirvió. Después, me acuerdo de poco. Lo que sí recuerdo es el cansancio cuando por fin nos fuimos al hotel, mientras los invitados se quedaban bailando hasta la madrugada. Al día siguiente nos fuimos de luna de miel y cuando volvimos aún tuvimos tiempo de abrir los regalos y decidir qué íbamos a hacer con los cinco cuchillos para pasteles que nos habían regalado.

c. ¿Puedes contar cómo fue o cómo te imaginas tu propia boda (o por qué no tienes interés en casarte)?

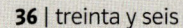

4

hablar de aspectos culturales • autoevaluación • terapia de errores •
estrategias de aprendizaje • un texto literario que da que hablar

Ahora ya sabemos...

En esta página tienes de nuevo la posibilidad de poner a prueba y valorar tus conocimientos.
Haz las tareas y luego marca el nivel que crees tener en cada tema.

2 Hablar con alguien para solucionar un problema.
En grupos de tres. Un policía os quiere poner una multa por haber aparcado mal el coche.
Elegid uno de estos roles (A, B o C) e intentad convencer al policía de que no os ponga la multa.

A: Tú eres el policía. Tienes mucha experiencia con todo tipo de excusas, pero eres tolerante ante explicaciones razonables. Hay una señal de prohibido aparcar.
B: Eres el conductor. No has visto la señal que está detrás de un árbol. Querías aparcar unos minutos para comprar algo en la farmacia de enfrente.
C: Eres un amigo del conductor, ibas con él en el coche y lo esperabas en la calle. Has visto la señal.

En las lecciones anteriores habéis visto cómo se puede
- protestar y expresar rechazo
- dejar la decisión a otros
- dar su opinión
- hablar de condiciones y consecuencias

Podéis consultar las páginas de resumen (48, 55, 62) para recordar las expresiones útiles antes de empezar la discusión.

3 Hacer un pequeño discurso (formal) delante de un público.
Tienes que dar un discurso (3 minutos) en una de estas ocasiones. Puedes consultar tus notas, pero no leerlas.

– Una delegación de españoles viene a tu universidad o academia. Dales la bienvenida.
– Tu curso de español termina y tu profesor/a deja la escuela. Da un discurso de agradecimiento.

Para prepararte conviene
- anotar los aspectos más interesantes de la institución donde estudias (situación, público, oferta…)
- repasar las fórmulas de saludo y despedida
- repasar las expresiones para organizar un discurso

4 Escuchar y comprender opiniones. 17–18
Escucha las siguientes opiniones y di qué frase las resume mejor.

1. Las revistas femeninas transmiten una imagen de la mujer que no corresponde a la realidad. / Para aparecer en una revista de moda hay que ser muy guapa y delgada.
2. El político exige que todo el mundo aprenda inglés desde muy pequeño. / Según el político no podemos sobrevivir en un mundo globalizado sin hablar inglés.

5 Escribir una carta expresando su opinión.
Has leído en el periódico esta noticia. Escribe una carta al director expresando tu opinión.

Fiestas de bótox
En los últimos tiempos se habla de un solo tema: las llamadas "botox-parties" en casas particulares como las que popularizó la marca "Tupperware". Pero en estos encuentros no se venden productos para la casa: las mujeres se juntan para recibir inyecciones de bótox. La "botox-party" es una respuesta a la necesidad de las mujeres por verse más jóvenes y bellas, algo imprescindible para tener éxito en el trabajo y la vida personal.

treinta y siete | 37

4 Mirador

Terapia de errores

6 **a. Terapia de errores orales.**
En grupos de tres o cuatro. Una persona del grupo es el/la observador/a. Esta persona apuntará los errores que escucha. Los otros hablan tres minutos de sus planes para las próximas vacaciones. El/La observador/a puede consultar con el/la docente los errores si no está seguro/-a.

b. Comentad en el grupo los errores apuntados y buscad entre todos soluciones para evitarlos.

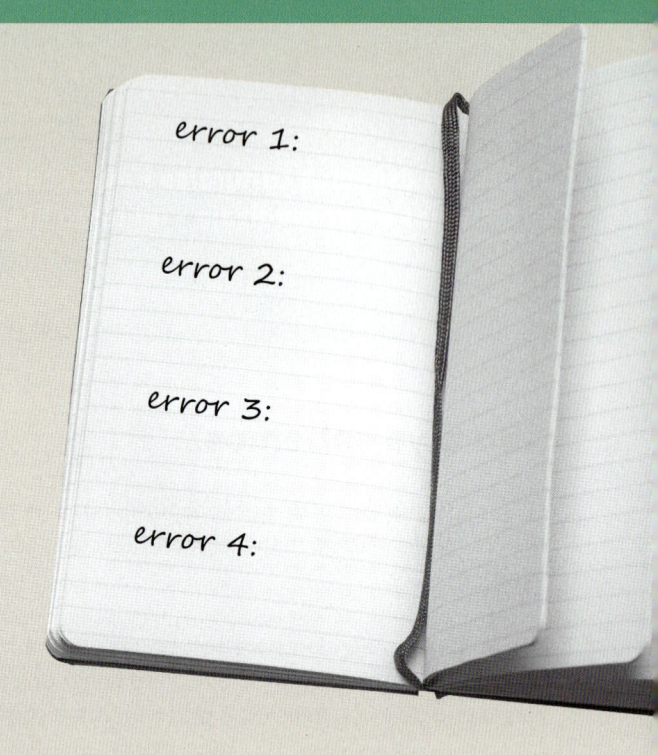

error 1:

error 2:

error 3:

error 4:

Zona estratégica: me faltan las palabras

7 **a. Me faltan las palabras para decir lo que quiero…**
Incluso cuando hablamos en nuestra lengua materna nos pasa que no conocemos o no se nos ocurre en ese momento una determinada palabra. En este método habéis practicado ya varias estrategias para estas situaciones, por ejemplo, la estrategia de explicar la palabra desconocida con un sinónimo o un contrario, explicando su uso o describiéndola. Otra forma de rellenar esos huecos es utilizar las llamadas "palabras comodín". Aquí tienes varios ejemplos. ¿A qué se pueden referir las palabras en negrita?

Un cantante en un concierto: "Este **aparato** no funciona. Así no se puede cantar."
Un conductor de autobús a los viajeros: "¿Quién ha tirado esas **cosas** en el suelo? Eso aquí está prohibido."
Una madre a su hija: "No quiero ese **bicho** en casa. Deja el suelo lleno de pelos."
Un policía en una manifestación: "El **tipo** del pelo largo es el jefe de la organización."

b. ¿Cuáles son las palabras más utilizadas en tu lengua en estos casos? ¿Cuál usas más tú?

c. … pero tengo más palabras de las que pienso.
No solo los sustantivos del ejercicio anterior son comodines, sino que también verbos como **hacer** o **poner** nos pueden ayudar cuando no sabemos una palabra. ¿Puedes sustituir el verbo **hacer** en estas frases por uno más preciso?

He hecho un cuadro de un paisaje de olivares.
Ayer **hice** el artículo que me pidieron para el periódico de la clase.
La tortilla que **hace** mi madre está buenísima.
Ayer **hicimos** unos veinte kilómetros. Fue la etapa más larga del Camino.
Esa lavadora **hace** mucho ruido.
Voy a **hacer** una fiesta en mi casa.
Mañana mi hijo **hace** 3 años.
En la película "Todo sobre mi madre" Penélope Cruz **hace** el papel de monja.
¿Me **has hecho** venir solo para decirme esto?

38 | treinta y ocho

Un texto literario que da que hablar

8 **a. Estamos llegando al final del libro y del curso de español y es hora de hablar del futuro.**
Hablando del futuro, ¿piensas que se puede saber o predecir? ¿Crees en las predicciones o profecías? ¿Recuerdas alguna que (no) se confirmó? ¿Qué formas conoces para predecir algo? ¿Tienes experiencia con alguna de las siguientes? ¿Te parecen fiables o solo superstición?

el horóscopo | un péndulo | leer en los posos del café | leer la mano | fundir plomo |
la constelación de las estrellas en la hora del nacimiento | consultar una bola de cristal

b. En el cuento "El profeta" del escritor uruguayo Mario Benedetti aparece una serie de verbos que tienen un significado parecido. ¿Cuál es? Completa la tabla.

pasar | hacer responsable | predecir

.... – anunciar – pronosticar – vaticinar
.... – ocurrir – suceder – acaecer
.... – reclamar – pedir cuentas

c. Lee el cuento y marca en qué párrafo se hace una profecía que se refiere a la naturaleza, a la sociedad, a una banalidad o a la geografía.

El profeta   Mario Benedetti, Despistes y franquezas (1989)

El profeta lo dijo en la plaza: "Dentro de veinte años el Señor descenderá nuevamente a la tierra. Y habrá justicia", pero los descreídos le gritaron: "Es muy cómodo **predecir** lo que va a **suceder** dentro de veinte años. ¿Quién va a **pedirte cuentas** si te equivocas?"
El profeta lo dijo en la plaza: "No bien comience el nuevo siglo, el sol se oscurecerá y habrá dos noches por jornada", pero los descreídos le gritaron: "Bah, es muy fácil **anunciar** lo que va a **ocurrir** el año 2001. ¿Quién va a **reclamarte** si te equivocas?"
El profeta lo dijo en la plaza: "Dentro de tres años la tierra se arrugará formando colinas y promontorios nuevos y en más de una llanura se abrirán cráteres", pero los descreídos le gritaron: "Es muy trivial **pronosticar** lo que va a **acaecer** dentro de tres años. Si tu profecía falla, ¿dónde te encontraremos para lapidarte?"
Entonces el profeta, sin perder la calma, dijo en la plaza: "Dentro de diez segundos os mostraré mi lengua", y antes de que algún descreído lo pusiera en duda, el profeta mostró su lengua innegable y probada, **vaticinada** y roja.

d. Profetas modernos. ¿Quién crees que se equivoca más (o menos) en sus profecías?
Ordena las siguientes profesiones según su capacidad de predecir algo y explica tu decisión.

un/a médico/-a | un político/-a | un/a periodista | un/a analista de mercado | un/a profesor/a de escuela

e. Hacemos profecías en el grupo.
Hemos llegado al final del curso. En parejas, haced una profecía para cada compañero/-a sobre su futuro con el español u otros aspectos.

¡Nos vemos!
Paso a paso 9
Cuaderno de ejercicios

Índice

1 Grandes momentos 42

1. Léxico: felicitar
2. Describir fiestas y eventos
3. Léxico: celebraciones
4. Rechazar una invitación
5. Planes para el futuro: **cuando** con subjuntivo
6. Expresiones temporales: **aunque**, **cuando**, **mientras**
7. Expresiones temporales: **aunque**, **cuando**, **mientras**
8. Expresiones temporales: **aunque**, **cuando**, **mientras**
9. Expresiones temporales: **aunque**, **cuando**, **mientras**
10. Dejar la decisión a otros
11. Crucigrama: descripción física
12. Comprensión lectora: la importancia de la belleza
13. Expresar acuerdo o desacuerdo
14. El uso de **pero** y **sino**
15. Mundo profesional: un folleto publicitario
16. Pronunciar bien: las sílabas

Portfolio

2 Mundos en contacto 49

1. Datos de un país
2. Crucigrama: el clima
3. La previsión del tiempo
4. Pretérito perfecto de subjuntivo
5. Hacer suposiciones
6. Dar opinión
7. Preparar y hacer una presentación
8. Transmitir las palabras de otros
9. Estilo indirecto
10. Estilo indirecto
11. Mundo profesional: léxico de una presentación
17. Pronunciar bien: palabras extranjeras

Portfolio

3 Solidarios 56

1. Léxico: problemática social y política
2. Comprensión lectora: una protesta original
3. Organizaciones solidarias
4. Pretérito imperfecto de subjuntivo
5. Comparaciones irreales con **como si**
6. Frases condicionales
7. Frases condicionales
8. Frases condicionales
9. Reivindicaciones sociales
10. Expresiones de obligación
11. Léxico: palabras en grupo
12. Frases con subjuntivo
13. Mundo profesional: los derechos del trabajador
14. Pronunciar bien: variedades del español

Portfolio

4 Mirador 63

1. Comprensión lectora
2. Vocabulario y gramática
3. Comprensión auditiva
4. Expresión escrita
5. Expresión oral

Grandes momentos 1

1 **a. Algunos eventos.**
Mira las fotos. ¿De qué celebraciones se trata? Escribe debajo de cada foto una frase de felicitación.

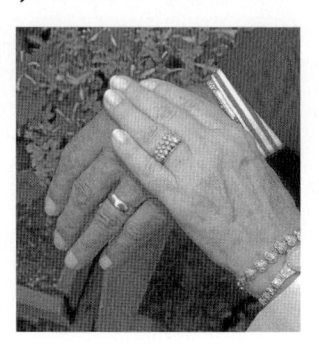

....

b. Escucha el diálogo. ¿A qué foto se refiere? ▶▶ 19

2 **¿Qué se suele hacer en estas fiestas en tu país?**
Combina los elementos de las columnas.

| En un / una En los / las | boda bautizo comunión despedida de soltero/-a cumpleaños aniversario día del santo jubilación bodas de plata / oro | se suele es costumbre solemos es usual | brindar. soplar velas. echar arroz. regalar algo de oro. beber mucho. ir a la iglesia. regalar flores. invitar a la familia. ponerse ropa elegante. |

3 **Celebraciones.**
Ordena las acciones según las categorías siguientes. ¿Puedes añadir alguna más en cada grupo?

1. antes de la fiesta   2. durante la fiesta   3. después de la fiesta

☐ decorar el salón
☐ soplar las velas
☐ elegir el vestido
☐ tomar un aperitivo

☐ mirarse en el espejo
☐ enviar fotos de recuerdo
☐ pagar las facturas
☐ controlar el peinado

☐ divertirse
☐ bailar
☐ ir a misa
☐ maquillarse

☐ enviar invitaciones
☐ contratar a un fotógrafo
☐ tomar una copa de champán
☐ escribir tarjetas de agradecimiento

4 Has recibido la invitación de la pág. 8, pero no puedes asistir.
Continúa esta nota, rechaza la invitación y explica por qué no puedes asistir. Di que enviarás un regalo.

Querido/-a...:
Muchas gracias por invitarme, pero...

5 Planes para el futuro.
Escribe frases en cadena utilizando **cuando**.

1. terminar los estudios | pasar un año en Latinoamérica | hablar muy bien español | encontrar un buen trabajo
2. tener dinero | comprar un piso | poner un baño con *jacuzzi* | relajarse todas las noches | dormir mejor
3. hacer buen tiempo | ir a la playa | tomar el sol | tener buen color | estar mucho más guapo/-a | encontrar pareja

1. Cuando termine los estudios, pasaré un año en Latinoamérica.
Cuando pase un año en Latinoamérica, ...

6 En tu idioma.
¿Cómo traducirías a tu idioma **aunque**, **cuando** y **mientras** en cada frase?

1. Cuando cumplí 18 años, celebré una gran fiesta.
2. Cuando salgo del trabajo, voy al gimnasio.
3. Cuando llegues, llámame enseguida.
4. Mientras se come, no se habla.
5. No hables mientras comas.
6. Aunque es caro, compro este regalo.
7. Aunque sea caro, compraré este regalo.

7 ¿Qué dices en cada caso?
Lee las situaciones siguientes y marca la opción correspondiente.

1. No te gusta nada ir de cámping y por eso prefieres cualquier otra opción que te propongan.
   ☐ Mientras no vayamos de cámping, lo aceptaré todo.
   ☐ Cuando vamos de cámping, lo acepto todo.

2. Estás de vacaciones y le has prometido a tu pareja llamarla lo antes posible desde el hotel.
   ☐ Te llamo cuando estoy en el hotel.
   ☐ Te llamaré cuando esté en el hotel.

3. No sabes si el hotel está libre el día que has elegido, pero te gusta tanto que puedes cambiar la fecha.
   ☐ Dormiremos en ese hotel, aunque tengamos que cambiar la fecha.
   ☐ Dormimos en ese hotel, aunque tenemos que cambiar la fecha.

cuarenta y tres | 43

1 Grandes momentos

8 Escucha a unos amigos que hablan de los preparativos de una fiesta. ▶▶ 20
Marca las frases que corresponden. ¿De qué fiesta se trata?

1. ☐ Si vienen todos los que han invitado, tendrán problemas de espacio.
2. ☐ Mientras todos traigan algo de comida, no faltará nada.
3. ☐ Mientras los invitados llegan, Andrés trae las bebidas del bar.
4. ☐ Cuando lleguen los invitados, les darán la bolsita de las uvas.
5. ☐ Ana María no quiere que Carlos elija la música.

9 Termina las frases siguientes hablando de ti mismo/-a.

1. Mientras estudio español, …
2. Cuando iba al colegio, …
3. Cuando empecé a trabajar, …
4. Aunque alguna vez tenga mucho dinero, …
5. Aunque soy (nacionalidad), …
6. Cuando me vaya de vacaciones, …
7. Mientras pueda pagármelo, …
8. Cuando me levanto por la mañana, …

10 a. Planes para el fin de semana.
Contesta estas preguntas dejando que tu pareja tome la decisión.

1. ¿Qué película vemos?
2. ¿A qué cine vamos?
3. ¿Qué zapatos me pongo, los de tacón o los deportivos?
4. ¿Cómo vamos al centro, en coche o en metro?
5. ¿En qué restaurante cenamos?
6. ¿Cuándo nos volvemos a ver?

b. Lee ahora estas respuestas.
¿Puedes formular preguntas posibles?

1. Lo que quieras.
2. Como quieras.
3. Donde prefieras.
4. Las que quieras.
5. El que quieras.
6. Cuando quieras.

11 Describir el aspecto físico.
Completa el crucigrama con los contrarios para encontrar la palabra de las casillas sombreadas.

1. el pelo moreno ↔
2. la cara bonita ↔
3. los brazos gordos ↔
4. los dedos cortos ↔
5. los ojos grandes ↔
6. el pelo liso ↔
7. la cintura estrecha ↔

Solución: _____

12 **a. La belleza y el trabajo.**
Lee el titular de este artículo. ¿Cuál crees que es la respuesta?

b. Lee el texto y escribe un resumen en cinco o seis frases.
Para ello utiliza las expresiones de abajo.

¿Ganan los guapos más que los feos?

Según un estudio de un grupo de investigadores de la Universidad de California, las personas guapas ganan un 12 % más que las feas. La investigación se hizo con tres grupos de personas que los científicos dividieron siguiendo los criterios tradicionales de belleza. Analizaron sus comportamientos y descubrieron que el grupo de los más atractivos conseguía más dinero que los menos guapos, y estos más que los feos. Los científicos aseguran que este resultado es válido independientemente de la sociedad y del tipo de trabajo.

¿Son los guapos menos egoístas?
Otra conclusión del informe es que la gente colabora más con los más guapos porque creen que estos les pueden ayudar más. "La gente guapa suele estar en grupos que tienen éxito porque los otros miembros cooperan más cuando se trata de gente atractiva", aseguran los investigadores.
Además, encontraron que los más atractivos son, en general, menos egoístas. Según el estudio, el 39 % de los hombres y mujeres atractivos son considerados como serviciales, frente a un 16 % de la gente normal y un 6 % de los feos.

Ante esta realidad los investigadores afirman que "es terrible descubrir que el lugar de trabajo se puede llegar a convertir en un concurso de belleza".

Adaptado de El País

Se trata de un artículo…
El texto habla sobre…
El autor dice que…
En su opinión…
Según el texto…
Finalmente…

13 **Más sobre la belleza. ¿Y tú, qué opinas?**
Expresa acuerdo o desacuerdo respecto a estas opiniones.

1. Hoy en día ser atractivo es fácil para los que tienen dinero.
2. En ciertos casos las operaciones estéticas son imprescindibles.
3. Hoy en día el aspecto físico es más importante que la inteligencia.
4. La globalización nos impone unos modelos de belleza universales.
5. Es una irresponsabilidad regalar una operación de cirugía estética.
6. Los gustos de cada uno son distintos, por eso la belleza es subjetiva.

1 Grandes momentos

14 **Andrés habla un poco de sí mismo.**
Completa las frases siguientes con **pero** o **sino**.

1. No tengo cuarenta años, ... treinta.
2. No tengo dos gatos, ... un gato y un perro.
3. No tengo pareja, ... me gustaría encontrar una mujer con quien compartir mi vida.
4. Cuando busco pareja, no me fijo mucho en la belleza, ... en la inteligencia.
5. Me gustaría hacer más deporte, ... no tengo tiempo.
6. No me interesa salir por la noche, ... leer y dar paseos.

Mundo profesional

15 **Un folleto publicitario.**
Lee el folleto de una empresa de organización de eventos y completa los huecos con las siguientes palabras.

confirmación | contacto | empresa | grupo | invitados | objetivo | preparación | producto | regalos | reserva

MIRAMAR S.A.
ORGANIZACIÓN DE EVENTOS

¿QUÉ ES UN EVENTO?
En el ámbito profesional un evento es un acto que sirve a su .... para presentar un .... o una marca.

¿CÓMO SE ORGANIZA?
En primer lugar hay que definir qué tipo de acto se quiere realizar, a quién va dirigido, qué .... se quiere conseguir y qué fecha es adecuada.
Una vez claro el tipo de evento comienza la fase de ...., que nosotros realizamos para ustedes. Las acciones más frecuentes son:

- Preparación de la lista de ....
- Envío de las invitaciones correspondientes
- .... de participación
- .... del local
- Contratación de cátering
- Contratación de un .... musical
- Contratación de audiovisuales (micrófonos, telefonía fija y móvil, proyectores, etc.)
- Compra de posibles .... a los invitados
- Contratación de personal

Si desea información sobre los servicios que podemos ofrecerle, no dude en ponerse en .... con nosotros. Le esperamos.

Miramar S.A. / Calle Espartero, 365 / 41017 Sevilla / eventos@miramar.net

Pronunciar con gusto

16 a. Las sílabas.

> Reglas de separación silábica en español:
> 1. Se separa delante de consonante: *ca-sa, ho-tel*; dos consonantes seguidas se separan entre ellas: *in-ter-no, ob-ser-var*.
> 2. Si hay más de dos consonantes seguidas, se separan después de las dos primeras consonantes: *pers-pec-ti-va, cons-truc-ción*.
> 3. La combinación de consonantes *bl, br, cl, cr, dr, fl, fr, gl, gr, pl, pr, tr* no se separan: *ha-blar, Ma-drid, si-glo*. Tampoco se separan *ch, ll, rr*: *co-che, ca-lle, pe-rro*.
> 4. Recuerda que los diptongos nunca se separan: *nue-vo, rui-do*.

b. Lee las siguientes palabras y separa las sílabas. ▶▶ 21
Luego escucha el CD para comprobar la separación.

pla|cer | manzana | terraza | maquillaje | tristeza | seguro | transportar | padre | escuchar | sorpresa | presupuesto | cumpleaños

Portfolio

Ya sé...	☺ ☻ ☹
...expresar buenos deseos: ¡Felicidades! ¡Que ....! ¡Ojalá ....!	☐ ☐ ☐
...expresar acciones habituales: En mi familia es usual	☐ ☐ ☐
...valorar: ¿Ver la película en español? – Me parece	☐ ☐ ☐
...dejar la decisión a otra persona: ¿Dónde cenamos? – Donde .... ¿Qué pedimos? –	☐ ☐ ☐
...describir el aspecto físico: Tengo los ojos ...., el pelo .... y	☐ ☐ ☐
...resumir un texto: Se trata de .... El texto	☐ ☐ ☐
...dar mi opinión: (No) estoy .... (No) soy de	☐ ☐ ☐

También sé...	☺ ☻ ☹
...usar el indicativo y subjuntivo en frases con cuando, mientras, aunque: Cuando salgo, ... Cuando salga, ...	☐ ☐ ☐
...usar el verbo soler con infinitivo: En una boda se suele	☐ ☐ ☐
...usar pero y sino para contrastar o corregir una información: No me llamo Javier .... Jaime. No conozco Chile, ... me gustaría ir.	☐ ☐ ☐

1 Grandes momentos

Comunicación

Fiestas y celebraciones

el bautizo	la despedida de soltero/-a
la comunión	la boda / el casamiento
la confirmación	las bodas de plata / de oro
la graduación	el aniversario de boda
la jubilación	el día del santo
el cumpleaños	la inauguración

Expresar duda

¿Tú crees?	¿De verdad?
¿Seguro?	¿En serio?
¿Estás seguro/-a?	

Expresar buenos deseos

en un cumpleaños:	¡Feliz cumpleaños!
	¡Que cumplas muchos más!
en una boda:	¡Que seáis muy felices!
	¡Que dure para siempre!
	¡Os deseo lo mejor para vuestro futuro!
en un examen:	¡Enhorabuena!
en un bautizo:	¡Que crezca sano!
	¡Que lo disfrutéis mucho!
siempre:	¡Felicidades!
	¡Felicitaciones!

Expresar acciones habituales

Las fiestas de 15 años se suelen preparar con medio año de antelación.
En una boda es costumbre / usual echar arroz a los novios.
Normalmente, la novia lleva un vestido blanco.

Valorar

Me parece una buena idea.
Lo encuentro exagerado.
Diría que es muy original.

Dar su opinión

Soy de la misma opinión.	No soy de esa opinión.
Estoy de acuerdo contigo.	No estoy de acuerdo.
Pienso lo mismo.	Para nada. En absoluto.

Resumir un texto

Se trata de un artículo…	En su opinión…
El texto habla sobre…	Según algunos expertos…
El autor dice que…	Finalmente…

Dejar la decisión a otra persona

- ¿Qué hotel reservamos?
- El que quieras.

- ¿Cuándo mandamos las invitaciones?
- Cuando quieras.

- ¿Enviamos tarjetas o e-mails?
- Como / Lo que quieras.

Gramática

El verbo vestirse

	vestirse
yo	me visto
tú	te vistes
él / ella / usted	se viste
nosotros/-as	nos vestimos
vosotros/-as	os vestís
ellos / ellas / ustedes	se visten

El verbo soler

	soler
yo	suelo
tú	sueles
él / ella / usted	suele
nosotros/-as	solemos
vosotros/-as	soléis
ellos / ellas / ustedes	suelen

Con **soler + infinitivo** hablamos de una acción habitual:
En mi familia **solemos festejar** el día del santo.

Conectores para contrastar o corregir una información

No llevo tatuajes, **pero** me gustan.
Mi hermana **no** es guapa, **pero** es muy inteligente.

Con **no… pero** negamos un enunciado y añadimos un aspecto aparentemente contradictorio a este elemento negado.

Mi hija **no** se pinta los labios, **sino** los ojos.
Nuestro concepto de belleza **no** es cultural, **sino** universal.

Con **no… sino** corregimos una información y la sustituimos por otra.

El indicativo y subjuntivo en frases con cuando, mientras, aunque

indicativo

Cuando las chicas **cumplen** 15 años, hacen una fiesta.
Mientras la chica **se prepara**, los padres reciben a los invitados.
Aunque el vestido **cuesta** mucho, lo compro.

subjuntivo

Cuando mi hija **cumpla** 15 años, hará una fiesta.
Mientras la chica **se prepare**, no conviene entrar en su habitación.
Aunque el vestido **cueste** mucho, lo compraré.

Con **cuando**, **mientras** y **aunque** se usa indicativo cuando se hace referencia a hechos habituales, en presente y en pasado, y conocidos. Se usa subjuntivo cuando nos referimos al futuro o a cosas no conocidas. Esto se aplica también en relación al imperativo:
No hables mientras comas.

Mundos en contacto 2

1 **Mira la ficha de este país.**
¿Sabes cuál es? ¿Puedes añadir las palabras que faltan?

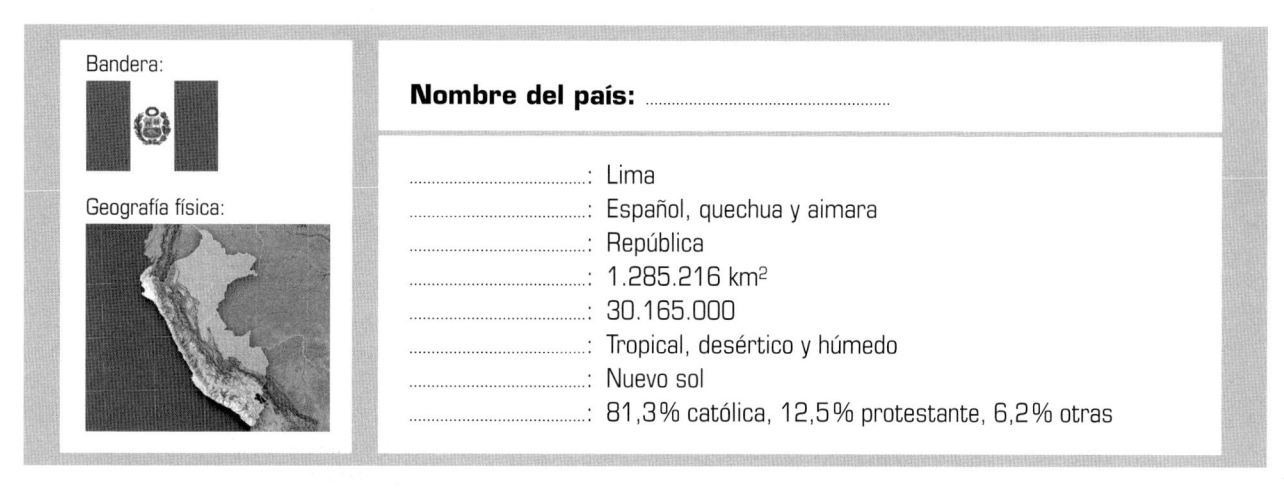

Bandera:

Geografía física:

Nombre del país: ....

.... : Lima
.... : Español, quechua y aimara
.... : República
.... : 1.285.216 km²
.... : 30.165.000
.... : Tropical, desértico y húmedo
.... : Nuevo sol
.... : 81,3% católica, 12,5% protestante, 6,2% otras

2 **a. ¿Qué clima tiene un país...?**
Completa el crucigrama con los tipos de clima para encontrar la palabra de las casillas rosa.

1. ... en el que llueve mucho, hace mucho calor y humedad?
2. ... en el que llueve poco?
3. ... en el que llueve mucho?
4. ... en el que las temperaturas son siempre agradables?
5. ... en el que llueve poco y las temperaturas son extremas?

b. Escribe ahora la definición de la solución.

3 **La previsión del tiempo.**
Mira la previsión del tiempo y escribe qué tiempo hará.

MIÉRCOLES 11 de abril	JUEVES 12 de abril	VIERNES 13 de abril	SÁBADO 14 de abril	DOMINGO 15 de abril
☀	≈	☁	🌧	☁
Min: 15°C Max: 22°C	Min: 14°C Max: 20°C	Min: 13°C Max: 19°C	Min: 10°C Max: 17°C	Min: 10°C Max: 18°C

Hará mucho sol.

cuarenta y nueve | 49

2 Mundos en contacto

4 **Estás esperando a un/a amigo/-a que todavía no ha llegado.**
Tacha la forma incorrecta de los verbos.

1. Quizá pierda / haya perdido el autobús.
2. Es posible que me llame / haya llamado enseguida al móvil.
3. Tal vez se olvide / se haya olvidado de nuestra cita.
4. Probablemente llegue / haya llegado dentro de cinco minutos.
5. Puede ser que yo me equivoque / me haya equivocado de hora.
6. Quizá esté / haya estado en un atasco.
7. Puede ser que la reunión de trabajo no termine / haya terminado todavía.
8. Ojalá podamos / hayamos podido ver la película.

5 **Hoy han pasado cosas extrañas.**
Relaciona las cosas que han pasado con su causa posible. Después formula suposiciones como en el modelo usando el subjuntivo o el futuro.

1. Tu jefe está de muy mal humor.
2. Tu compañera de trabajo no ha venido.
3. De repente, tu ordenador se apaga.
4. Quieres tomar un café, pero no encuentras tu dinero.
5. Esperas el autobús, pero no llega.
6. Llamas a tu pareja al móvil muchas veces, pero no contesta.

a. ¿haber atasco?
b. ¿ponerse enferma?
c. ¿robarme?
d. ¿estropearse?
e. ¿acabarse la batería del móvil?
f. ¿tener problemas la empresa?

1. *Posiblemente tenga problemas la empresa. = ¿Tendrá problemas la empresa?*
2. *Tal vez se haya puesto enferma. = ¿Se habrá puesto enferma?*

6 **Estás hablando con tu pareja sobre un viaje y lo / la contradices en todo.**
Completa las frases utilizando el tiempo adecuado de los verbos.

1. • No creo que el precio de los vuelos baje.
   ○ Pues yo estoy seguro de que ....
2. • Seguro que Antonio ya habrá reservado los vuelos.
   ○ No creo que ....
3. • Es posible que Luciano haya comprado una guía de viajes.
   ○ No es posible que ....
4. • Seguro que Juan no le ha dicho a sus padres que sale de viaje.
   ○ Yo sí creo que ....
5. • Creo que Raquel trae a su nuevo novio.
   ○ Dudo que ....
6. • Me parece que Anselmo ha cambiado su reserva.
   ○ Es mentira que ....
7. • No es posible que las excursiones sean tan caras.
   ○ Seguro que ....
8. • Puede ser que los Álvarez sepan dónde se come bien.
   ○ Es imposible que ....

50 | cincuenta

7 a. Una presentación.
Aquí tienes unas expresiones que se utilizan en una presentación. Clasifícalas.

en otras palabras | en cuanto a | primeramente | para terminar | es decir | mejor dicho | además | así que | para empezar | en consecuencia | por último | o sea | por el contrario | por ejemplo | respecto a | en primer lugar | finalmente | también | sin embargo | por esto | en resumen | esto se debe a

empezar la presentación: ....
añadir información: ....
contrastar datos: ....
expresar causa o consecuencia: ....
aclarar o reformular: ....
terminar: ....

b. Aquí tienes algunas frases tomadas de diferentes presentaciones.
Lee las frases en voz alta. ¿No te parecen un poco secas? Seguro que suenan mejor si añades algunos de los conectores de arriba. Hay varias posibilidades.

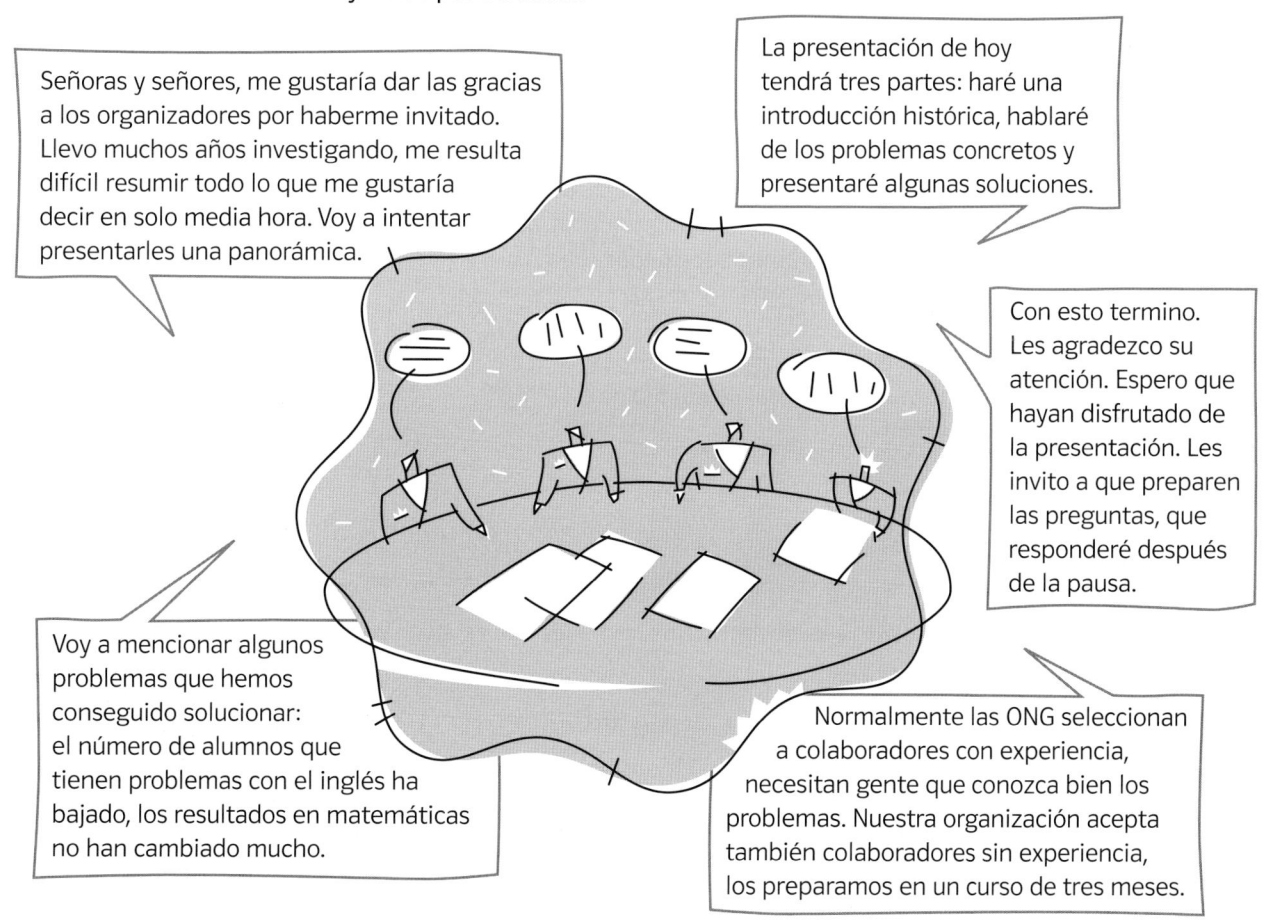

Señoras y señores, me gustaría dar las gracias a los organizadores por haberme invitado. Llevo muchos años investigando, me resulta difícil resumir todo lo que me gustaría decir en solo media hora. Voy a intentar presentarles una panorámica.

La presentación de hoy tendrá tres partes: haré una introducción histórica, hablaré de los problemas concretos y presentaré algunas soluciones.

Con esto termino. Les agradezco su atención. Espero que hayan disfrutado de la presentación. Les invito a que preparen las preguntas, que responderé después de la pausa.

Voy a mencionar algunos problemas que hemos conseguido solucionar: el número de alumnos que tienen problemas con el inglés ha bajado, los resultados en matemáticas no han cambiado mucho.

Normalmente las ONG seleccionan a colaboradores con experiencia, necesitan gente que conozca bien los problemas. Nuestra organización acepta también colaboradores sin experiencia, los preparamos en un curso de tres meses.

c. Y ahora tú.
Lee el principio de estas frases y termínalas según tu opinión.

1. El gobierno gasta muy poco dinero en la educación. Además, …
2. Mucha gente no está contenta con su trabajo, sin embargo, …
3. Muchas familias tienen ordenador en casa. En consecuencia…
4. Cada vez más gente se preocupa por el medio ambiente, así que…

2 Mundos en contacto

8 a. Unos amigos preparan una fiesta. ▶▶ 22
Escucha el diálogo y marca la opción correcta.

1.
Elías dijo…
a. ☐ que había reservado una mesa en el restaurante.
b. ☐ que reservaría una mesa en el restaurante.

2.
Beatriz dijo…
a. ☐ que Juan podría comprar el regalo.
b. ☐ que ella podría comprar el regalo.

3.
Juan dijo…
a. ☐ que venía a recogerla a casa.
b. ☐ que Beatriz venga a recogerlo a casa.

b. ¿Qué dijeron los demás?
Reformula las frases en estilo indirecto en pasado.

Jimena: ¿Estáis seguros de que Esperanza no sabe nada?
Olivia: Yo he hablado con ella esta mañana y creo que no tiene ni idea.
Cristián: Si habla con Martina, se enterará.
Alejandro: No, ayer ya habló con ella y no le dijo nada.
Ignacio: Yo estoy seguro de que la sorpresa resultará bien.
Julio: Eso espero yo también.

Jimena preguntó si…

9 Problemas de pareja.
Lee el correo que Martín le ha escrito a su novia. Escribe las frases que están *en cursiva* como las dijo la novia.

Querida Lucía:

Has vuelto a romper todas tus promesas. La última vez me dijiste que *habías cambiado*, que *nunca más me dirías mentiras*, que *querías volver a intentarlo*. Que *si yo te lo pedía, no lo harías más* y sobre todo que *no se las volverías a enseñar a tus amigas*. Haz el favor de borrar TODAS LAS FOTOS que me hiciste disfrazado de Tarzán.
Espero que tengas una explicación.

Martín

52 | cincuenta y dos

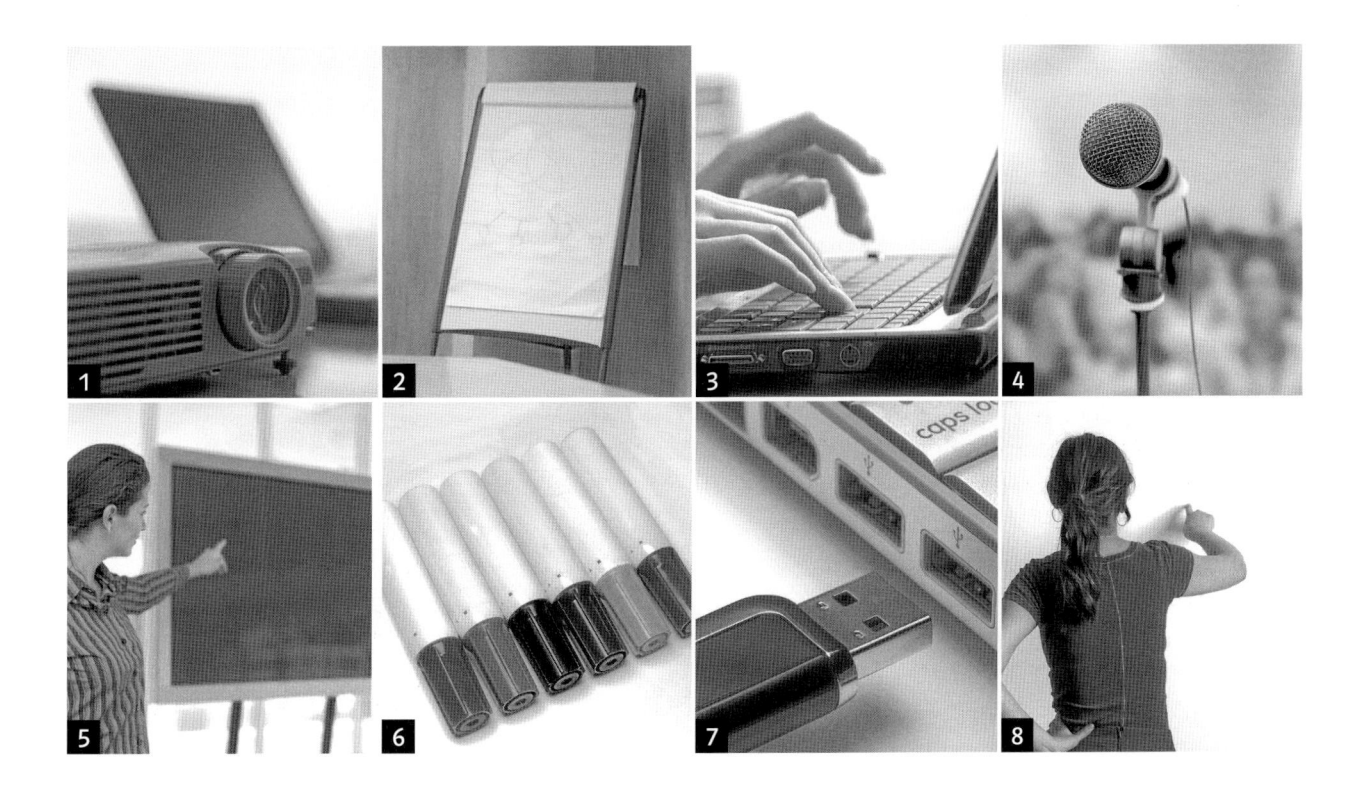

10 Algunas citas.
Lee estas citas y escríbelas en estilo indirecto.

1. "Lo bueno del cine es que durante dos horas los problemas son de otros." Pedro Ruiz (artista español)
2. "La música es el arte más directo, entra por el oído y va al corazón." Magdalena Martínez (flautista española)
3. "Quien cambia felicidad por dinero, no podrá cambiar dinero por felicidad." José Narosky (escritor argentino)
4. "Cuando creíamos que teníamos todas las respuestas, de pronto cambiaron todas las preguntas." Mario Benedetti (escritor uruguayo)
5. "Yo he vivido porque he soñado mucho." Amado Nervo (poeta y novelista mexicano)
6. "Nunca olvido una cara, pero con la suya voy a hacer una excepción." Groucho Marx (actor norteamericano)
7. "Al cabo de los años he observado que la belleza, como la felicidad, es frecuente." Jorge Luis Borges (escritor argentino)

Pedro Ruiz dijo que...

Mundo profesional

11 Una presentación.
¿Conoces estos medios para hacer presentaciones? Relaciona las palabras con las fotos.

- [8] la pizarra electrónica
- [ ] el portátil
- [ ] la llave USB
- [ ] el micrófono
- [ ] los rotuladores
- [ ] el proyector
- [ ] la pantalla
- [ ] el rotafolio

2 Mundos en contacto

Pronunciar con gusto

12 a. Palabras extranjeras.

> En español no existen reglas fijas para el uso de extranjerismos. En muchos casos, los extranjerismos se pronuncian según las reglas de la lengua española (**jersey, pizza, punk, iceberg**) y a veces se impone la ortografía española (**fútbol, croasán, líder, champú, mitin, módem**). En América Latina, los extranjerismos anglosajones se pronuncian como en inglés, por ejemplo, **DVD** [dividi], en cambio en español [deuβede]. En ocasiones a los extranjerismos se les añade una terminación española (**chatear, escanear**).
> ¿Conoces más ejemplos?

b. Escucha las siguientes frases. ▶▶ 23
¿Reconoces las palabras extranjeras que faltan? Escríbelas.

He traído mi portátil para conectarnos a internet. Aquí hay ...., ¿no?
Uy, se ha estropeado el .... Tenemos que llamar al fontanero.
¡Ya ha vuelto a subir la gasolina! Menos mal que me compré un coche ....
Desde que desayuno .... tengo mucha más energía por las mañanas.
El hotel estaba muy bien. Teníamos una bañera enorme con ....
Me compré el .... para leer el periódico y libros, pero ahora también juego mucho.

Portfolio

Ya sé...	☺ ☺ ☹
... describir un país: Alemania tiene una población de 80 millones de	☐ ☐ ☐
... hablar de las características geográficas: En el norte hay ...., en el sur	☐ ☐ ☐
... hablar del clima: En la costa el clima es .... y en el interior	☐ ☐ ☐
... empezar una presentación: Buenas .... Quería darles	☐ ☐ ☐
... estructurar una presentación: Primero ...., ..., ...	☐ ☐ ☐
... terminar una presentación: Espero que .... Muchas gracias por	☐ ☐ ☐

También sé...	☺ ☺ ☹
... conjugar el pretérito perfecto de subjuntivo: llegar: que yo haya llegado, que tú	☐ ☐ ☐
... usar el pretérito perfecto de subjuntivo: No creo que mi amigo haya	☐ ☐ ☐
... usar el estilo indirecto en pasado: Javier: "Este verano iré a Cuba." – Javier dijo que	☐ ☐ ☐

Comunicación

Describir un país

la superficie
la forma de estado
la población
la moneda
la(s) lengua(s) oficial(es)
la religión

Hablar de la situación geográfica

la montaña	la isla
la cordillera	la península
la selva	el mar
el bosque	la costa
el valle	el río
el desierto	la ría

Hablar del clima

un clima:
- seco / húmedo
- lluvioso
- polar
- suave
- (sub)tropical
- mediterráneo

Empezar una presentación o conferencia

Buenas tardes, señoras y señores.
Bienvenidos a todas y todos.
Quería darles la bienvenida a…
Gracias por haberme invitado.
Muchas gracias por haber venido.
Me alegro de poder presentarles hoy…

Terminar una presentación o conferencia

Muchas gracias por su atención.
Les agradezco mucho su interés por este tema.
Ha sido un placer estar aquí.
Espero que la conferencia les haya gustado.
Espero que el tema haya despertado su interés.
Si quieren hacer preguntas, con mucho gusto.

Estructurar una presentación

primero / primeramente
en primer / segundo lugar
por último
en resumen
finalmente
para terminar

Hablar de causas

pues
ya que
esto se debe a…
en consecuencia
por esto
por lo tanto

Añadir aspectos

en cuanto a
respecto a
además
no solo…, sino que
hablando de…
por ejemplo

Reformular

en otras palabras
es decir
mejor dicho
o sea
eso significa

Contraponer

sin embargo
en cambio
pero
por otra parte

Gramática

El pretérito perfecto de subjuntivo

	haber + participio	
yo	haya	
tú	hayas	
él / ella / usted	haya	invitado
nosotros/-as	hayamos	disfrutado
vosotros/-as	hayáis	
ellos / ellas / ustedes	hayan	

El pretérito perfecto de subjuntivo se forma con el presente de subjuntivo del verbo **haber** y un participio. Su uso es el mismo que el presente de subjuntivo pero aplicado al pasado.
No creo que Pedro **llegue** a tiempo a la conferencia.
No creo que **haya llegado** a tiempo.

presente
Espero que **tengas** un buen viaje.
Ojalá la conferencia **empiece** puntual.
Es posible que la conferencia **empiece** más tarde.

perfecto
Espero que **hayas tenido** un buen viaje.
Ojalá no **haya empezado** ya la conferencia.
Es posible que la conferencia todavía no **haya empezado**.

El estilo indirecto en pasado

Dice:
"El spanglish **es** una mezcla."
"**Ha nacido** en México."
"El spanglish **continuará** creciendo."

Dijo… / Decía…
que el spanglish **era** una mezcla.
que **había nacido** en México.
que el spanglish **continuaría** creciendo.

Cuando el verbo introductor está en imperfecto o indefinido (**dijo, comentaba, preguntó**…) el tiempo de los verbos del estilo indirecto cambia: el presente se transforma en imperfecto, el perfecto en pluscuamperfecto y el futuro en condicional.
El imperfecto y el pluscuamperfecto del estilo directo se mantienen en el estilo indirecto, el indefinido puede mantenerse o sustituirse por el pluscuamperfecto.

Además, en el estilo indirecto hay que tener en cuenta las modificaciones ocasionadas por el cambio de perspectiva:

"No lo hago **yo**."
Paco dice que no lo hace **él**.

"**Esta** es **mi** idea."
Dijo que **esa** era **su** idea.

"¿Vas **mañana** al cine?"
Me preguntó si iba **al día siguiente** al cine.

"El cine está **aquí** cerca."
Comentó que el cine estaba **allí** cerca.

Solidarios 3

1 Problemas políticos y sociales.
Relaciona las palabras con sus definiciones y luego escribe las definiciones que faltan.

- [ ] la contaminación
- [ ] el paro
- [ ] la inflación
- [ ] la corrupción
- [ ] el terrorismo
- [ ] la discriminación
- [ ] la violencia
- [ ] la manifestación

1. Situación de falta de trabajo.
2. Uso de la fuerza para conseguir algo.
3. Aumento general de los precios que reduce el valor del dinero en el país.
4. Comportamiento inmoral o ilegal de una persona con autoridad o poder.
5. Método de lucha política basado en el terror.
6. Comportamiento que considera de menos valor a otras personas por su raza, clase social, sexo u otros motivos.
7. ....
8. ....

2 a. La protesta tiene a veces formas muy originales de expresión. Lee esta información.

La coordinadora del movimiento de ciclonudistas organiza desde el año 2.000 manifestaciones contra el tráfico urbano. Zaragoza fue la primera ciudad española en organizar este tipo de protesta, que consiste en recorrer el centro de la ciudad en bicicleta y... sin ropa. La idea es original y llama mucho la atención en la ciudad. Los grupos de ciclonudistas existen en todo el mundo y cada año son más las ciudades que participan organizando manifestaciones de este tipo.

b. Ahora relaciona estas partes de frases.

1. El sábado hubo manifestaciones ciclonudistas
2. En Zaragoza, por ejemplo, los ciclonudistas
3. Mucha gente salió a protestar
4. Los participantes de la manifestación exigen
5. Salen en bicicleta porque
6. La bicicleta es símbolo de libertad
7. La gente protesta sin ropa
8. No llevar ropa en una manifestación

a. justicia en las calles.
b. tomaron las calles del centro en su XI manifestación.
c. en muchas ciudades españolas y del mundo.
d. contra el tráfico en la ciudad.
e. porque no gasta gasolina ni paga impuestos.
f. para mostrar la poca protección que tiene en las calles.
g. es un medio de transporte ecológico y sano.
h. es también luchar contra el consumismo impuesto por la moda.

56 | cincuenta y seis

3 Algunas organizaciones solidarias.
Lee la descripción de sus actividades y relaciónalas con cada organización.

☐ Esta asociación madrileña se ocupa de los animales abandonados y/o maltratados. Los alimentan, cuidan y dan en adopción.

☐ Es una asociación ecologista que apoya el cambio hacia una sociedad respetuosa con el medio ambiente, más justa y solidaria. Su visión es un mundo donde todos vivan en armonía con la naturaleza.

☐ El objetivo de esta asociación es reducir la soledad y el aislamiento de las personas mayores.

☐ Es una asociación española que defiende los derechos de los padres separados o divorciados y lucha por leyes más justas en la relación de los padres con sus hijos/-as.

☐ Es una organización antirracista y humanitaria de España. Su objetivo es desarrollar un espíritu de solidaridad y tolerancia y defender los derechos humanos en la sociedad.

☐ Organización española de cooperación al desarrollo. Su objetivo es mejorar las condiciones de vida de las comunidades más pobres con programas de desarrollo y campañas de sensibilización.

4 El imperfecto de subjuntivo.
Completa la tabla.

infinitivo	indefinido: ustedes	imperfecto de subjuntivo: yo
dar	dieron	diera
poder		
ser / ir		
estar		
existir		
venir		
tener		

5 Asociación Nacional Amigos de los Animales.
Lee los comentarios de un voluntario y complétalos con los verbos en imperfecto de subjuntivo.

entender | haber | hacer | recibir | ser | tener

1. Todos somos voluntarios, pero trabajamos como si .... un sueldo.
2. Mucha gente se va de vacaciones y deja a sus perros en la calle como si los animales no .... dueño.
3. Nuestro albergue para animales está siempre completo, como si no .... otro en la ciudad.
4. En la asociación todos nos llevamos muy bien, es como si .... una gran familia.
5. Nos sentimos como si .... algo muy importante en esta asociación y eso nos gusta.
6. Nos apoyan también niños y parece como si ellos .... mejor las necesidades de los animales.

3 Solidarios

6 En la oficina.
Relaciona las partes de frases y luego decide en cada caso qué frase es más (+) o menos (−) probable.

1. Si trabajaras más rápido,
2. Si trabajas más rápido,
3. Si mi ordenador funcionara bien,
4. Si mi ordenador funciona bien,
5. Si se rompe la cafetera,
6. Si se rompiera la cafetera,
7. Si el sábado hace buen tiempo,
8. Si el sábado hiciera buen tiempo,

a. puedes venir con nosotros a cenar.
b. disfrutaría y descansaría en el jardín.
c. hay que avisar al servicio técnico.
d. tomaría té o zumos, no me preocuparía.
e. podrías irte antes a casa.
f. podré darte mi informe en una hora.
g. invitaré a mis amigos a una barbacoa.
h. no estaría tan nervioso/-a e impaciente.

7 Planes.
Formula frases según el modelo.

Círculo 1: tener más tiempo → aprender a tocar el violín → practicar muchas horas → los vecinos se quejan → mudarse de casa al campo → volver a practicar violín muchas horas → sentirse muy feliz

Círculo 2: estar cansado/-a de la rutina → dejar el trabajo → viajar por el mundo → conocer mucha gente → convertirse en rutina → volver al trabajo → estar contento/-a con el trabajo

Si tuviera más tiempo, aprendería a tocar el violín.
Si tocara el violín, ...

8 a. ¿En qué caso lo harías?
Completa las frases con el imperfecto de subjuntivo.

1. Aprendería a bailar tango solamente si ....
2. Haría un viaje en crucero solamente si ....
3. Compraría una casa en el campo solamente si ....
4. Viajaría por el mundo con mochila solamente si ....
5. Me casaría solamente si ....

b. ¿En qué situación reaccionarías así?
Completa las frases con **si** + imperfecto de subjuntivo.

1. ...., no aceptaría la invitación.
2. ...., me alegraría y daría las gracias.
3. ...., me pondría muy triste.
4. ...., me reiría mucho.
5. ...., llamaría a la policía.

9 Lee las reivindicaciones de los indignados.

Luego completa las frases con los verbos en subjuntivo y relaciónalas con las reivindicaciones correspondientes. Hay más de una posibilidad.

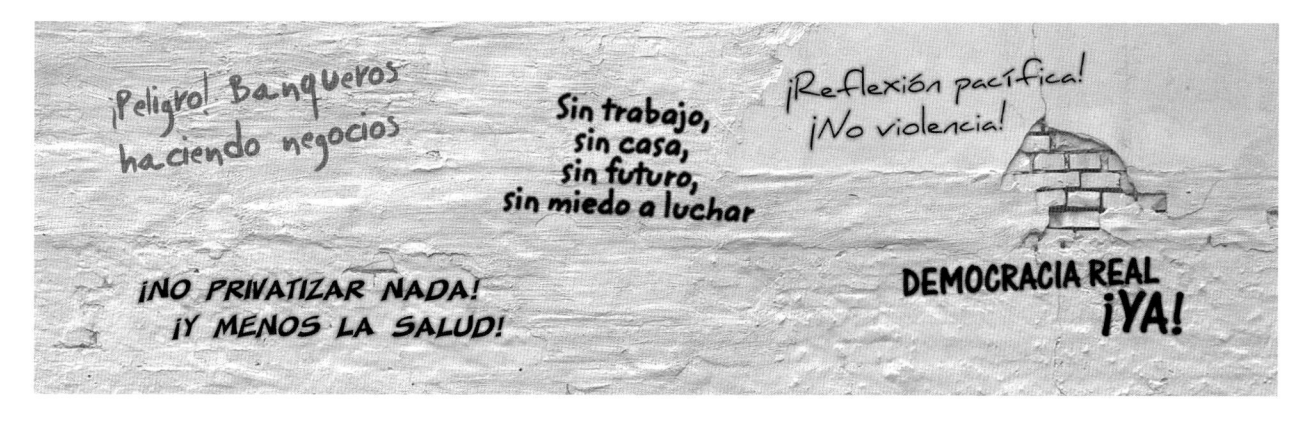

1. Reclaman que la gente ...*tenga*... lo suficiente para vivir y que .... trabajar con dignidad.
2. Les indigna que los banqueros solamente .... en sus propias ganancias.
3. Exigen que el sistema de salud .... un derecho social para todos.
4. Piden que todos .... acceso al seguro de salud porque es un derecho fundamental.
5. Exigen que en el país .... democracia real inmediata.
6. Desean que la gente .... sobre la necesidad de un cambio social.
7. Quieren que todos .... activamente en el proceso de cambios en la sociedad.
8. Desean que la gente .... sin miedo para cambiar la situación actual.

10 Un techo para mi país.

Lee la descripción de esta organización y luego transforma las frases usando expresiones de obligación: **debería**, **tendría que**, **habría que**, **haría falta**.

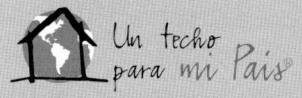

Organización chilena de jóvenes voluntarios que trabaja en 19 países latinoamericanos. Su objetivo es mejorar la calidad de vida de las familias pobres a través de la construcción de viviendas sencillas.

1. Mucha gente no tiene una vivienda digna.
2. Esa gente no exige al gobierno la construcción de casas.
3. El derecho a una vivienda todavía no es un derecho para todos.
4. Muchas familias pobres no conocen este plan de ayuda.
5. No hay suficientes colaboradores para construir las casas.
6. La asociación no es muy conocida en el país.
7. No hay suficiente dinero para financiar más proyectos de vivienda.
8. El gobierno no apoya mucho este tipo de actividades.

1. *La gente debería tener una vivienda digna.*

11 ¿Qué palabra no corresponde al grupo?

1. manifestación | corrupción | protesta | movilización
2. socio | colaborador | consumidor | cooperante
3. empleado | banquero | empresario | industrial
4. ministro | político | voluntario | parlamentario
5. póster | pancarta | pantalla | cartel
6. gobierno | asociación | organización | fundación
7. instalarse | acampar | quedarse | comportarse
8. molestar | indignar | fastidiar | luchar

cincuenta y nueve | 59

3 Solidarios

12 a. **Una amiga tuya comenta la entrevista de trabajo que ha tenido.**
Formula frases relacionando las dos columnas.

Espero	que yo no tenga más experiencia.
Es una lástima	que la empresa me tome para el puesto que solicito.
Es fundamental	que vean el interés que tengo en conseguir este puesto.
Me piden	que trabaje algunos fines de semana.
Me molesta un poco	que no me digan lo que voy a ganar por mes.
	que el equipo de trabajo sea simpático y me acepten en el grupo.

b. **Meses después, tu amiga te cuenta lo que pensó el día de su entrevista.**
Transforma las frases usando el imperfecto de subjuntivo.

Esperaba que la empresa me tomara para el puesto que solicitaba.

Mundo profesional

13 **Los derechos del trabajador.**
Lee el texto y busca la traducción a tu lengua de las palabras subrayadas.

Guía de los derechos del trabajador

Todo <u>trabajador o trabajadora</u> tiene que conocer sus derechos y obligaciones laborales. El <u>contrato de trabajo</u> fija las bases de la relación entre <u>empleador</u> y trabajador y las condiciones del trabajo. Además define si es un trabajo por tiempo limitado o indeterminado.

El trabajador debe cumplir con la <u>jornada de trabajo</u>, por ejemplo 40 horas, y a cambio del trabajo realizado recibe un <u>sueldo</u>. El trabajador tiene derecho a tiempos de descanso: los <u>descansos</u> semanales, los descansos por <u>festivo</u> y las <u>vacaciones</u>, que son generalmente 30 días (incluyendo fines de semana).

Tanto la empresa como el trabajador están obligados a pagar a la <u>Seguridad Social</u>. La protección que recibe el trabajador comprende la <u>asistencia sanitaria</u>, la <u>protección por maternidad</u>, invalidez, <u>jubilación</u> y paro.

Todo trabajador puede participar en un <u>sindicato</u>. Tiene el derecho a la huelga, a formación personal y promoción. También a no ser discriminado por razones de sexo, estado civil, edad, grupo étnico, ideas políticas, orientación sexual o lengua.

Pronunciar bien

14 **a. Algunas variedades del español.**

> Casi 500 millones de personas en el mundo hablan español. Obviamente hay diferentes formas de hablarlo. En Madrid no se habla igual que en Buenos Aires o Lima, e incluso dentro de un mismo país hay variantes en la pronunciación y entonación.

b. Escucha a algunos hispanohablantes que se presentan. ▶▶ 24
¿Notas alguna diferencia en la pronunciación, entonación, velocidad, claridad…?

1. Perú 2. Galicia 3. Cataluña 4. Andalucía 5. Argentina 6. Madrid

c. Escucha otra vez. ¿Notas alguna diferencia en la pronunciación de algunas letras?

Portfolio

Ya sé…	☺ ☺ ☹
… hablar sobre el estado y la sociedad: El sindicato …………………… una huelga contra …………………… .	☐ ☐ ☐
… describir problemas políticos y sociales: La gente sale a la calle porque …………………… .	☐ ☐ ☐
… hablar sobre el compromiso social: Soy miembro de …………………… que lucha contra …………………… .	☐ ☐ ☐
… hablar de condiciones y consecuencias probables: Si usamos los transportes públicos, …………………… .	☐ ☐ ☐
… hablar de condiciones y consecuencias menos probables: Si …………………… , el mundo sería mejor.	☐ ☐ ☐
… hablar sobre protestas: Los manifestantes exigen que los políticos …………………… .	☐ ☐ ☐
… expresar rechazo: Me molesta …………………… . Me indigna que …………………… .	☐ ☐ ☐
… expresar obligación: Todos deberíamos …………………… . Habría que …………………… .	☐ ☐ ☐

También sé…	☺ ☺ ☹
… formar y usar el imperfecto de subjuntivo: dar: que yo …………………… ; ser: que tú …………………… ; venir: que usted …………………… .	☐ ☐ ☐
… hacer comparaciones irreales: Tu amigo está haciendo como si …………………… .	☐ ☐ ☐
… usar frases condicionales con si: Si el libro te gusta, te lo …………………… . Si no te gustara, lo …………………… cambiar.	☐ ☐ ☐
… usar el imperfecto de subjuntivo en frases subordinadas: Mis padres querían que yo …………………… .	☐ ☐ ☐

3 Solidarios

Comunicación

Estado y sociedad

la democracia
los derechos humanos
la ley
las elecciones
el estado
el presidente
el gobierno
el parlamento
el partido
el sindicato
la huelga
la manifestación

Problemas políticos y sociales

la inflación
la subida de precios
el paro
la crisis (inmobiliaria)
la discriminación
la corrupción
la violencia
el terrorismo

Comprometerse

Colaboro con una ONG.
Apoyo el movimiento de los indignados.
Soy socio/-a de los bomberos municipales.
Soy miembro de un sindicato / un partido político.
Soy voluntario/-a en una cooperativa.

Protestar

participar en una manifestación
estar en huelga (por / contra…)
exigir pensiones garantizadas
reclamar seguridad laboral
reivindicar mejores condiciones de trabajo

Hablar de condiciones y consecuencias

probable

Si todos colaboramos, este problema desaparecerá.
Si usamos los transportes públicos, habrá menos tráfico.

poco probable

Si todos colaboráramos, este problema desaparecería.
Si fuéramos más solidarios, el mundo sería mejor.

Gramática

El imperfecto de subjuntivo

	-ar	-er
yo	colabor**ara**	promet**iera**
tú	colabor**aras**	promet**ieras**
él / ella / usted	colabor**ara**	promet**iera**
nosotros/-as	colabor**áramos**	promet**iéramos**
vosotros/-as	colabor**arais**	promet**ierais**
ellos / ellas / ustedes	colabor**aran**	promet**ieran**

	-ir	irregulares
yo	exist**iera**	estar: estuviera, estuvieras, …
tú	exist**ieras**	tener: tuviera, tuvieras, …
él / ella / usted	exist**iera**	ser / ir: fuera, fueras, …
nosotros/-as	exist**iéramos**	haber: hubiera, hubieras, …
vosotros/-as	exist**ierais**	poder: pudiera, pudieras, …
ellos / ellas / ustedes	exist**ieran**	venir: viniera, vinieras, …

La base para la formación del imperfecto del subjuntivo es la 3ª persona de plural del pretérito indefinido, eliminando la terminación **-ron** y añadiendo las terminaciones **-ra, -ras, -ra -ramos, -rais, -ran**: ellos colabora**ron** → yo colabora**ra**, …

El uso del imperfecto de subjuntivo

	frase principal	frase subordinada
imperfecto:	**Querían**	que la gente **conociera** el cocido madrileño.
indefinido:	**Pidieron**	que les **devolvieran** las ollas.
condicional:	**Me gustaría**	que mucha gente **participara** en la manifestación.

Cuando las expresiones que rigen subjuntivo van en imperfecto, indefinido o condicional en la oración con **que** usamos imperfecto de subjuntivo.

Oraciones condicionales con si

condición	consecuencia
Si este libro no te gusta,	lo puedes cambiar.
Si todos colaboramos,	este problema desaparecerá.
Si fuéramos más solidarios,	el mundo sería mejor.

Cuando una condición se presenta como un hecho poco probable o imposible la oración introducida por **si** lleva imperfecto de subjuntivo y la oración principal condicional.

Atención: La oración con **si** no puede ir nunca en futuro o condicional:
Si mañana ~~lloverá~~ llueve, no vamos / iremos a la playa.
Si mañana ~~llovería~~ lloviera, no iríamos a la playa.

Comparaciones irreales

Hay gente que trata a los animales **como si fueran** objetos.
Nos comportamos **como si** las personas mayores **no existieran**.

Las comparaciones irreales con **como si** van siempre con imperfecto de subjuntivo.